U0113913

本书系2012年度国家社会科学基金项目"人类学视野下的西藏牧区乡土文化及其现代意义研究"（批准号：12CMZ031）的阶段性成果基础上完成。

本书由西藏自治区那曲地区嘉黎县党委政府资助出版。
文中图片除注明外，均由作者拍摄。

The Gifts World in a Pastoral Village

牧民的礼物世界

（上）

白玛措　著

中国社会科学出版社

图书在版编目（CIP）数据

牧民的礼物世界：全二册 / 白玛措著 . —北京：
中国社会科学出版社，2019.6（2019.8重印）
　ISBN 978-7-5203-3987-2

　Ⅰ . ①牧… Ⅱ . ①白… Ⅲ . ①藏族－民族文化－研究
－中国 Ⅳ . ① K281.4

中国版本图书馆 CIP 数据核字（2019）第 021058 号

出 版 人	赵剑英	
责任编辑	侯苗苗	
特约编辑	沈　心	
责任校对	周晓东	
责任印制	王　超	

出　　版	中国社会科学出版社	
社　　址	北京鼓楼西大街甲 158 号	
邮　　编	100720	
网　　址	http:// www.csspw.cn	
发 行 部	010-84083685	
门 市 部	010-84029450	
经　　销	新华书店及其他书店	

印　　刷	北京君升印刷有限公司	
装　　订	廊坊市广阳区广增装订厂	
版　　次	2019 年 6 月第 1 版	
印　　次	2019 年 8 月第 2 次印刷	

开　　本	710×1000	1/16
印　　张	28	
字　　数	291 千字	
定　　价	188.00 元（全二册）	

凡购买中国社会科学出版社图书，如有质量问题请与本社营销中心联系调换
电话：010-84083683

献给：
我的父亲白玛诺布 pad ma nor bu（1934—2016）
我的母亲格桑卓嘎 skal bzang sgrol dkar（1935— ）

图1　嘉黎县卫星图

图2　S村及嘉黎县全景鱼山和依鱼山而建的县城坐南朝北全县景观2013年

图3　S村及嘉黎县坐北朝南鱼山山顶全县景观2013年

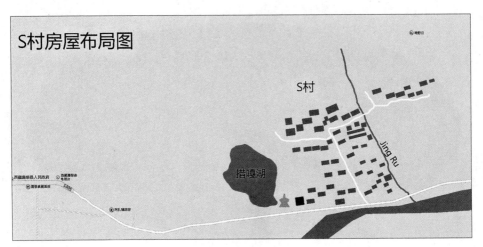

图 4　S 村房屋布局

自　序

《牧民的礼物世界》从 2012 年开始准备，到 2019
年正式出版，经过了七年的时间。这期间我做了
很多田野资料的修正和扩充，在论述上不断精简。
呈现在读者面前的这本书分为上下两册，这是出
于不同读者群对人类学的了解和兴趣各异的考虑。

上册为人类学语境中的纯学术文本分析和论述，
这些文本均来源于我在牧区的人类学田野调研。

下册是从影视人类学的视角对上册内容的进一步
扩展。书中的文字描述尽可能做到将人类学的学
术思想以大众化的表达方式呈现给读者；书中的每
一个影像都有其自身的语言空间，这些影像与读者
的互动将是多维的，而田野者则是影像背后的人。

致　谢

本书是我博士学位论文的补充和延续。我的博士学位论文是关于藏区畜牧社会家庭经济的研究，在田野期间收集家庭经济数据的过程中，有一种经济流是无形但明显存在的，它就是礼物交换。事实上，不管是新几内亚群岛的部落，还是车水马龙的都市，礼物是人类日常生活中建立各种关系时必不可少的媒介。

何为礼物，有时可以取决于个人的理解：2011年，我在澳大利亚堪培拉递交博士学位论文后，赶去悉尼领事馆开留学人员回国证明。给我开证明的那位使馆官员很认真地看了我一眼，问道："你为什么要回去，像你这样在海外留过学的藏族人回你们西藏，是不是可以马上评上教授？"我脑海里即刻将这个"教授头衔"解读成了这位使馆帅哥送给我的某种"鼓励性"的礼物。这种场景下，礼物是信息的传达，但更多的是信息接收者诠释信息的角度。

礼物也可以是个体自己的命定和给予：我从使馆帅哥手里拿过证明，离开了领事馆，脑海中享受了一下"教授头衔"的礼物，然后很开心地去唐人街的兰州面馆吃了碗兰州拉面。堪培拉没有拉面馆，昏天黑地的论文写作完成，这份悉尼唐人街中餐馆的拉面是送给自己的礼物。这时，礼物来自自己，又回归到自己。

在很多场景中，礼物是我们表达情感的重要媒介，这时候礼物存在于接受者和赠送者之间。吃完拉面，我在悉尼专门用几天时间选购送给父亲和母亲的礼物。在购买礼物的过程中，我下意识地通过礼物的数量及礼物的价值，表达着自己对父母的思念和感恩之情。回到拉萨，赠父母礼物，父母的喜悦我能感受到，但更多的是我自己内心的一种喜悦感。用人类学家的话说，这是一种孝敬馈赠。

礼物的存在可以是多元化的，甚至可以产生在个体单位和宏观的政治组织之间。回国开始工作，为了补充博士学位论文中未能探讨和涉及的畜牧社区的礼物往来，我通过西藏社会科学院这个工作平台申请了国家社会科学基金（青年）项目，题目为《人类学视野下的西藏牧区乡土文化及其现代意义研究：西藏畜牧社会的礼物交换与社会关系》。当我收到立项通知书时，涌上心中的感受是："这是一份礼物！"这份礼物是被认同的：国家社会科学基金认可我这个藏族留学生的科研能力，也鼓励了我回国从事人类学研究的信心。对我而言，这是我作为边疆少数民族群体中的个体对"国家场景"式礼物的一种积极解读。

这本书的写作离不开以下朋友的帮助，对我而言，他们的帮助就是赠送给我的一份份礼物，这些礼物促成了这本书的写作和出版。

本书是在我第一次所申请的国家社会科学基金项目基础上形成的，申请社会科学基金时我是中级职称的海归博士，基金申请需要两名推荐人。感谢格勒博士和旦增伦珠博士在百忙之中担任了我的推荐人，社会科学基金获得立项离不开两位前辈的支持和鼓励。

感谢我的所长次仁平措教授在我学术路之初给了我受益至今的学术建议。

在开展田野之初，我得到了西藏大学安玉琴教授、旺宗教授，和青海大学藏医学院李启恩博士的真诚建议；就如何遴选田野点，我的同学白玛卫东先生、霍尔·努木先生、布卓玉先生、杨红亮先生、那杰先生给予了我诸多建议，在此表示感谢。

特别感谢始终如一帮助我的田野伯乐索朗嘎瓦先生，他对我的帮助没有因为时间而褪色，而我仅仅是一个默默无闻的草根学者。没有这位田野伯乐的支持和相助，我无法想象几次北上草原，独自田野时，自己可能面临的各种困境、无奈和艰辛。在 2013 年的田野调查期间，达桑阿米、尼玛扎西、王菲、尼玛次仁、贵桑曲珍、丹增贵桑给予了我大力支持和帮助。2017 年，我回到田野点做资料回访，这期间我得到了尼玛扎西、格桑旦增、扎西卓玛的慷慨支持和帮助。特别感谢顿珠加拉先生在我 2017 年的田野调研期间对我无私的帮助，感谢他和他的大家庭给予我温暖如亲情般的照顾和相助，在此一并表示感谢。感谢 S 村妇联主任措佳旺姆女士，她是我最重要的关键访谈人（Key informant）。其清晰的思路、严谨的逻辑和对村落知识的熟识度，让我这个田野工作者深深为之折服。感谢 S 村的门巴村主任及 S 村所有牧民对我的接纳、分享和包容。田野期间，牧民们多少次与我分享午饭，将饥肠辘辘的我重组为精力充沛的圣斗士，才使得我能够继续下午的田野工作。感谢卓玛奶奶，拄着拐杖为我做的那顿午餐，现在想来依旧感动和温暖。我知道这本书远不能回报你们的淳朴、真诚和无私分享，希望这些文字做到了尽可能接近你们日常生活的一个个小小场景。

在写作信仰礼仪章节时，我咨询了西藏社会科学院宗教研究所布琼研究员、丹增朗杰研究员，以及西藏大学措吉博士、西藏自治区文化厅艺术研究所所长霍尔·努木先生，在此一并表示感谢，感谢他们给予的无私分享。

特别感谢嘎玛·多吉次仁（吾要）老师慷慨提供本书的九幅插图。

感谢我的挚友旺珍女士几十年真挚不变的友情，你的鼓励和支持如阳光一般，总能给我莫大的温暖和自信。

书中的谱系表由多坚次仁先生依照我在田野期间手绘的谱系图原稿在电脑上输入和绘制；我的同事南开大学语言学博士郎杰扎西先生帮助我校对了书中的藏文威利（Wylie）转写；我在藏学知识上的疑问经常咨询和打扰我的同事达琼副研究员，每次我都能获得耐心详尽的解答；中国社会科学院杜世伟博士帮助我完成了书中的地图绘制；戴磊先生是我的 IT 援神，每有困境，有求必应，一并表示感谢。

在写作本书的过程中我得到了诸多良师益友的宝贵建议：特别感谢我的恩师 David Kemp 教授、Gunnar Haaland 教授、Nickolas Tapp 教授（1952—2015）、Geoffrey Samuel 教授、John Anthony Lilly（1943—2018）；我的良师益友苏发祥教授、扎洛研究员、彭文斌教授、郁丹教授、吴雨初老师、陈立健先生、云丹尼玛教授。

感谢我的堂兄贺中先生在我学术路上的支持和鼓励，您的博览全书、过人记忆力，让我望尘莫及……

本书的部分节选先后发表在《中国藏学》和《西藏大学学报》，这些纸质论文由云南大学李伟华老师在《人类学之滇》微信公众号推送后，张俊彦先生在醍醐微信公众号推送了对我的采访，通过这些公众平台，我收获了更广泛而宝贵的建议。

感谢西藏社会科学院对我的人类学田野调研给予的理解和支持，基于深入田野调研所撰写的两篇论文先后被评为西藏社会科学院学术论文一等奖，这份鼓励和肯定也成为出版本书的动力之一。

嘉黎县党委政府的资助不但使这本书能够在中国社会科学出版社出版，而且有了《田野记》中诸多精美的图片。特别感谢西藏那曲地区地委副书记，嘉黎县委书记索朗嘎瓦书记，县委副书记、县长吾金才塔支持出版这样一本纯学术话语的人类学专著，感谢他们对藏族女性学者的鼓励和支持。

感谢中国社会科学出版社侯苗苗女士对书稿的积极肯定，这激发了我完成这本书的动力。感谢侯苗苗女士为本书的出版付出的辛苦劳动。

感谢我的父亲和母亲，给予我生命之躯和智慧之根；感谢我的先生，从你身上我亲历了藏族传统文化的宝贵和生命力。

这本书是许多礼物的结晶，写作期间获得诸多朋友、同事及家人的帮助和支持，这何尝不是另一种意义上的库拉圈，福报资粮和智慧资粮的礼物库拉圈①。

---

① 库拉圈：巴布亚新几内亚群岛之间跨海域的一种交换仪式，也是人类学礼物交换研究中的古典案例。

目　录

第一章

导　论

灵魂如同一叶小舟

被遗弃在浩瀚无际的欲望之海上

忧虑和无知的不毛之地

知识的海市蜃楼中或无理性的世界中

这叶小舟完全听凭疯癫的大海支配

除非它能抛下一只坚实的锚——信仰

或者扬起它的精神风帆

让上帝的呼吸把它吹到港口

　　　　　　　　　　　　——米歇尔·福柯

本书是关于青藏高原北部一个藏族畜牧社区的礼物往来及其社会关系互动的研究。礼物往来几乎存在于人类社会的任何一个社区中，它既是人类的一种经济行为，同时也延伸为一种文化行为。礼物往来产生的交换和分享，可以视为经济行为；礼物往来所隐含的彼此之间的认同感和共识，则形构成其文化行为。例如，一位去做客的藏族牧民拜访邻里时，通常都会带着诸如瓷杯、砖茶之类的礼物，而作为客人的他也会从主人那里收到类似的回礼。主人和客人通过礼物这一媒介，在分享和交换瓷碗和砖茶的同时，也巩固了彼此之间既有的关系。可以说，解读西藏牧民的礼物往来仪式，以及由此反映出的社会关系及其互动模式，能很好地反映生活在 21 世纪西藏畜牧社会乡土文化的现代意义。

　　选择礼物交换作为该研究的视角，源于我攻读博士学位期间田野调查经历的启发。那是我第二次奔赴田野点获得一些家庭经济方面的补充性资料，协助我访谈的当地牧民建议我准备好一点的 rngan.pa （ངན་པ་）[1]，而她也随手抓了一把糖揣在怀里。我们每走到一家，我都会当着主人的面将一包糖或者冰糖作为 rngan.pa 放在主人家的桌子上。显然，这是一种带有随意性的非正式场景中的物的赠予和表达。几年后，当我去青海藏族牧区时，因为要见好几户素未谋面的姻亲，我的父亲母亲一直用 lag.rtags （ལག་རྟགས་）[2] 来称谓需要准备的礼物，且指导我所备礼物的种类和份额。到了青海牧区，每当我拜访一户姻亲家时，在未进主人家门之前我就得把备好的礼物拿出来献给主人，再进主人家。主人家不但会备以丰盛的食物招待来客，而且客人走时也要回赠近于等同价值的礼物。这种场景下，物的馈赠是在一种精心准备的前提下的馈赠及接受的场景中产生的。它包含了更多的仪式，以及参与者对这种仪式某种默契的共同理解和认同。以上这两种非正式和正式场景中的赠予和表达起到了增进社会网络建立和强化的作用。

　　rngan.pa 和 lag.rtags 对亲系关系的维持、加强和延续尤有深远的意义。我母亲的直系亲戚大多生活在那曲牧区。其中有两家亲戚自我童年起就一直和

---

① 对非正式场景中礼物的称谓之一。
② 对正式场景中礼物的称谓之一。

生活在城市中的我们保持着来往。我发现，维系这种亲系纽带很重要的一个媒介就是 rngan.pa 和 lag.rtags 的交换。牧区的亲戚最常带来的是酿在一个小瓷盆中的酸奶，有时也会有酥油和奶渣。与闫云翔所描述的中国北方农村中的收礼习俗"……我婶婶告诉我在这种情况下主人一般收一半礼物，然后再添些额外的食品换给送礼者"[1] 有所不同，我的母亲会收下亲戚的全部礼物，但在回礼时一定会在小瓷盆中装上满满的食物。我记得在 20 世纪 70 年代，母亲装在小瓷盆中的回礼是大米或者面粉，后来就有油炸的糕点和精致的糖果，有时也会赠送现金。令我记忆深刻的是 2012 年 2 月，我和母亲到那曲去看望重病的舅舅，在我们离别的前一天舅舅还不断叮嘱其小女儿为我们准备好带到拉萨过年用的"年酸奶"lo.zho（ལོ་ཞོ）。这么多年，舅舅一家送给母亲的过年酸奶从来没有断过。显然，这是一种仪式化了的物之赠予，其功能是亲系关系的巩固和延续。对于赠予者和接受者，这一仪礼化的文化功能可能远胜于对物本身的消费。

自 20 世纪 80 年代起，伴随着那曲城镇市场的活跃和市场商品种类的增多，我们在牧区的亲戚逐渐开始了小份额畜产品的出售，随之家庭中的现金流也渐渐增多。通过现金购得的商品已经占据了他们日常消费品的很大一部分[2]。这意味着，他们能通过货币现金最大限度地获得所需的各种商品。一些人类学家的研究指出，现代工业社会是以商品（commodity）或者商业化的交换（commercial exchange）为主导的；礼物交换通常发生在小规模的传统社会中[3]。西藏畜牧社会在延续其传统的劳作模式的同时，正在逐渐介入商业化交换的模式。在这种变迁的场景下，牧民社区礼物往来的仪式中所呈现出的社会功能及其现代性会是怎样的？这是本书关注的主题。

---

① [美]闫云翔：《礼物的流动：一个中国村庄中的互惠原则与社会网络》，李方春、刘瑜译，上海人民出版社 2000 年版，第 2 页。

② Pema Tso, Changing Livelihood and Economy of Tibetan Herders (Doctoral dissertation), Australia: Charles Sturt University, 2011.

③ Barfield Thomas, *The Perilous Frontier: Nomadic Empires and China*, Oxford: Blackwell, 1989, p. 225.

一 人类学视野的礼物交换

在人类社会的诸多行为中，交换是一种普遍存在的现象，人们或交换物质，或交换劳役，甚至通过婚姻交换人。这种交换可以是直接的物物交换，也可以通过货币这一价值媒介达到即刻的交换。其中，"礼物"是一种建立在文化解释、地方习俗之上的交换方式。在这种交换方式中，所赠的物品或劳力没有显现和确定的价值定位，但是这种价值定位隐含在赠予者与收礼者之间。通常而言，这种交换具备"赠予"到"回赠"的过程。

如果我们从"礼物"一词的汉语词义中去理解，便能理解这一交换形式的文化特点。闫云翔在其《礼物的流动》中引述了马克斯·韦伯（Max Weber）的一段解释："礼物"一词由两个字组成。第一个字"礼"的意思是仪式、礼节，也即诸如忠孝的道义理念的仪礼性表达①。他继续写到，"第二个字'物'的意思是物质的东西。值得注意的是，从词源上讲这个汉语词暗示了礼物（gift）不只是物质的礼品（present），它承载着文化的规则（礼仪）并牵涉到仪式。所以，无礼之物就只是物质而不是礼物"②。这段描述十分恰当地表达了"礼物"所引申的社会文化功能。

对礼物交换的研究始于人类学，其关注的核心问题就是：当"物"作为"礼"被送出之后，为什么收礼者会"回赠"？是什么原因让人与人之间的物品交换产生这种互惠呢？或者，这种"互惠"是否存在？

追随人类学礼物研究的足迹，礼物之"回赠"机制的经典研究要追溯到美国人类学家布罗尼斯洛·马林诺夫斯基（Bronislaw Malinowski）和法国社会学家马歇尔·莫斯（Marcel Mauss）。马林诺夫斯基在其经典之作《西太平洋的航海者》（*Argonauts of the Western Pacific*）中描述了在美拉尼西亚（Trobriand Islands）观察到的"库拉圈"（Kula ring）。这是一种类似于礼物馈赠的仪式：美拉尼西亚人会冒着航海中可能遇到的各种危险，将那些认为有价

---

① Weber Max, *The Religion of China*. (Hans Gert, Trans.), New York: Free Press, 1968, pp.156−57.
② [美]闫云翔：《礼物的流动：一个中国村庄中的互惠原则与社会网络》，李方春、刘瑜译，上海人民出版社2000年版，第44页。

值的物品带到居住在另一个岛屿中的部落那里，并完成交换①。赠予者可能并不会立刻得到回赠，但赠予者所显示出的慷慨可以为之获得社会声望，并让其社会地位得到强化。但接受礼物者会即刻或者一段时间内实施回赠，以确保其威望不受到负面的影响。"库拉圈"中的礼物赠予或者交换，使交换双方通过友好、好客及帮助得以建立长期的友好关系②。

三年后，在马林诺夫斯基研究的基础上莫斯（Mauss）于 1925 年用法文发表了奠定其礼物研究创始人之位的 *Essai sur le don. Forme et raison de l'échange dans les sociétés archaïques* [*An essay on the gift: the form and reason of exchange in archaic societies*]。莫斯在《关于礼物：古代社会中的交换原因及交换方式》中不但参阅了罗马和古印度文献中有关礼物交换的资料，同时以"库拉圈"和北美"夸富宴"为民族志背景，指出了礼物交换不等同于以物易物。礼物交换是一种社会关系的建立和延续，这种交换不仅仅是一种经济的转换和物质的获得，更是一种精神特质的转化③。他描述了新西兰毛利人社会中的礼物交换实际上与附在礼物中的一种神秘力量"豪"（*hau*）有关系。"豪"会跟随着"礼物"离开送礼者，但"豪"总会渴望返回送礼者那里。只有通过收礼者回赠的礼物，"豪"才能再次回到源初之地④。就此，莫斯进一步阐述了"礼物"携带有送礼者的精神特征，故此虽然送礼者是"自愿"将某物品送给收礼者，对于收礼者而言，必须归还这种精神特质。故，收礼者在接受礼物的同时也意味着他接受了回礼的"义务"⑤。这种附在礼物中的神秘力量被莫斯称之为 the spirit of the gift——礼物之灵，也即礼物的互惠机制的产生源力⑥。如果说马林诺夫斯基倾向于论证个体之间的礼物交换，那么莫斯基于对"古代

---

① Malinowski Bronislaw, *Argonauts of the Western Pacific: An Account of Native Enterprise and Adventure in the Archipelagos of Melanesian New Guinea*, London: Routledge & Kegan Paul, 1922.

② *Kula ring* (n.d.). 检索自 http://en.wikipedia.org/wiki/Kula_ring#cite_note-1。

③ Layton Rober, *An Introduction to Theory in Anthropology*, Cambridge: Cambridge University Press, 1977,p.98.

④ [美]闫云翔:《礼物的流动：一个中国村庄中的互惠原则与社会网络》，李方春、刘瑜译，上海人民出版社 2000 年版，第 4 页。

⑤ Mauss Marcel, *The Gift: Forms and Functions of Exchange in Archaic Societies* [*Essai sur le don*, Paris, 1925],Glencoe, IL: Free Press, 1954.

⑥ Mauss Marcel, *The Gift*, New York: W.W. Norton & Company, 1967, pp.8-9.

社会"的研究，则强调一种整体性的交换体制。他认为那些以物品交换为其经济体制的社会，礼物经济在这种社会中所扮演的角色不单单是物品的交换、个体之间关系的建立，更是包含整体社会的政治、宗教、律法及道德评判 [1]。由之，他提出了礼物交换的三种进化阶段：第一阶段是"整体性的呈赠"，这种交换建立了氏族之间的关联。第二阶段则是一种代表群体之间的交换，这种交换呈现出某种竞争性质，如"夸富宴"。第三阶段则是现代社会以货币为媒介的商品交换 [2][3][4]。莫斯相信"古代社会"中以"礼物之灵"为媒介的物品交换模式有别于"现代社会"的商品交换。莫斯的"礼物之灵"因其神秘主义色彩、不可度量性，甚至莫斯对 "*hau*" 一词本身的诠释受到了一些人类学家的批评（Firth, 1959; Sahlins, 1972）[5][6]，也以另一种语境受到了认可（Weiner, 1992：65；王铭铭，2006）[7][8]。

马林诺夫斯基和莫斯将那些非商业社会中的经济交换行为描述为没有非常明显的机构化特质。所以，礼物交换不但具备了资源再分配的功能，同时也具备了亲系、宗教和政治的文化功能，它们之间彼此互动相互影响（Parry, 1986）[9]。

莫斯对礼物交换的研究进一步奠定了经济人类学创始人卡尔·波拉尼 (Karl Polanyi) 从社会和文化的角度挑战亚当·斯密（Adam Smith）所提出的："以物易物"构成了人类社会组织的基础，而市场交换是人类交易所采取的最

---

[1] Graeber David, *Toward an Anthropological Theory of Value*, Basingstoke: Palgrave, 2001, p.153.

[2] Mauss Marcel, *The gift*, New York: W.W. Norton & Company, 1967, pp. 68-69.

[3] Allen Nicholas J. & Mauss Marcel, in Thomas Barfield (Ed.), *The Dictionary of Anthropology* (pp.313-314), Oxford: Blackwell Publications, 1997.

[4] [美] 阎云翔：《礼物的流动：一个中国村庄中的互惠原则与社会网络》，李方春、刘瑜译，上海人民出版社 2000 年版。

[5] Firth Raymond, *Economics of the Zealand Maori*, Wellington, New Zealand: Government Printer,1959.

[6] Sahlins Marshall, *Stone Age Economics*, New York: Aldine de Gruyter, 1972.

[7] Weiner Annette, *Inalienable Possessions: The Paradox of Keeping-while-Giving*, Berkeley: University of California Press, 1992.

[8] 王铭铭：《物的社会生命？——莫斯〈论礼物〉的解释力与局限性》，《社会学研究》2006 年总第 4 期，第 229—242 页。

[9] Parry Jonathan, "The Gift, the Indian Gift and the 'Indian Gift'", *Man*, Vol. 21, No.3, 1986, pp.466-469.

原初和自然形成的方式。波拉尼借用马林诺夫斯基等人类学家记录的民族志材料，提出了人类的交换行为并非仅仅是对物的兴趣，它更注重彼此之间关系的建立。而互惠可以使得这种关系长久地持续下去（Polanyi, 1945）[①]。波拉尼指出，那些小规模社会虽然生产方式简单，但资源分配的方式却呈现出多样化和丰富性。与之相反，工业化社会的生产方式虽多样化，但其资源分配方式仅以市场交换为主（Layton, 1997:100）[②]。

美国文化人类学家马歇尔·萨林斯（Marshall Sahlins）将"互惠"研究进一步系统化。他提出了两种交换现象："再分配"与"互惠"。"再分配"多产生在同一个关系体中，如"礼物"作为一种不追求实际估价的物或者服务的交换，虽然这种交换不是无偿的，赠送者往往期待赠送出的能够以相对一致的价值得到回赠。但亲系群中在回赠的时间上有着灵活随意的特质，这种交换被萨林斯归类为"再分配"。如最基本的"再分配"便是一个家庭中的食物共享；"互惠"则产生于不同的关系体之间。互惠关系取决于交换双方的社会关系远近。当交换者之间的亲密距离越远，回赠的时间便可能越短。萨林斯将"互惠"进一步细化为：一般性互惠、均衡性互惠、否定性互惠[③④]。萨林斯将这些互惠交换方式放置在家庭生产单位中来分析。他认为在那些以家庭为主要生产单位的社会中，亲系是组成这些社会的主要结构，故亲系关系的远近对互惠方式产生着直接的影响。一般性互惠通常在那些以家庭为主的亲系群中较为普遍；均衡性互惠则以不同亲系构成的村落内为主；与村落以外的外来者之间则以否定性互惠为特征[⑤]。

如果说人类学对礼物交换的研究起始于"认定这种交换存在着某种互惠"，那么安妮特·维娜（Annette Weiner）则对之提出了不同的观点。维娜自1971年开始，先后五次深入礼物研究的田野发祥地巴布亚新几内亚的超布连

① Karl Polanyi, *Origins of Our Time: The Great Transformation*, Gollancz first edition 1944, New York: Holt, Rinehart and Winston, 1945.

② Layton Rober, *An Introduction to theory in Anthropology*, Cambridge: Cambridge University Press, 1997.

③ Sahlins Marshall, *Stone Age Economics*, New York: Aldine de Gruyter,1972, pp. 188－210.

④ *Gift Economy* (n.d.). 检索自 http://en.wikipedia.org/wiki/Gift_economy。

⑤ *Reciprocity (cultural anthropology)* (n.d.). 检索自 http://en.wikipedia.org/wiki/Reciprocity_%28cultural_anthropology%29。

群岛（Trobriand Islands），于 1992 年在其著作《不可让渡性的所有物：保留及赠予的驳论》（*Inalienable Possessions: The Paradox of Keeping-While-Giving*）中对马林诺夫斯基和莫斯的研究做了补充，并用"不可让渡性"原则进一步扩充和丰富了"互惠"和"礼物之灵"的论点。她指出有些礼物是不可赠予的，如那些象征权势、社会地位或者代表血缘家族的特定象征物品。即便赠予了，接受者也无权出售它，这些礼物必须再次回归到其原初的拥有者那里。因为，这些物品被植入了仪式化的知识（ritual knowledge），这迫使拥有者渴望保留这些特定的所有物，以确保并延续某种地位和等级 [1][2]。法国人类学家莫里斯·古德利尔（Maurice Godelier）在其著作《礼物之谜》（*The Enigma of the Gift*）中通过"神圣之物"的不可赠予性进一步完善了维娜关于"不可让渡性"的研究 [3]。

　　"礼物—债务"关系是由克瑞斯·格里高利（Chris Gregory）提出的有关礼物之"不可让渡性"原则的一种新视角。他将"礼物"与"商品"作对比，并提出礼物是一种具有"不可让渡性"的物品，而商品则是具有"可让渡性"的物品。如在礼物的层面而言，当送礼者将礼物赠送给收礼者时，会使收礼者处于一种"债"的位置，送礼者借用这种"礼—债"关系，建立了双方的关系。收礼者回赠礼物可以让这种关系延续或者更加亲密。收礼者何时回赠礼物没有既定的时间，在不回礼这段时间，收礼者始终处于"债"的位置。但如果收礼者不回赠，那么与送礼者之间的关系可能会疏远，这种关系甚至有终止的危险。格里高利认为，正是这种建立在人与人关系之上的，非即刻交换的"礼—债"关系，使礼物区别于商品的交换。商品交换中，交换双方的兴趣是物品和货币，并且这种交换会即刻完成 [4]。萨林斯有关"礼物"或者"普遍性的互惠"与格里高利的论点颇为类似 [5][6]。

---

①　Mills Barbara, "The establishment and defeat of hierarchy: Inalienable possessions and the history of collective prestige structures in the Pueblo Southwest", *American Anthropologist*, Vol.106, No.2, pp.239–241, 2004.

②　*Inalienable Possessions* (n.d.). 检索自 http://en.wikipedia.org/wiki/Inalienable_possessions#cite_note-2。

③　Godelier Maurice, *The Enigma of the Gift*, Cambridge: Polity Press, 1999.

④　Gregory Chris, *Gift and Commodities*, London: Academic Press, 1982, pp.100–101, 189–196.

⑤　Sahlins Marshall, *Stone Age Economics*, New York: Aldine de Gruyter, 1972, p.188.

⑥　*Gift economy* (n.d.). 检索自 http://en.wikipedia.org/wiki/Gift_economy。

然而，所有这些关于"回礼"的辩论似乎绕开了当礼物交换者身处等级社会时可能并不存在回赠的现象。这一最经典案例来自人类学家格罗利·拉赫贾（Gloria Goodwin Raheja）的研究。拉赫贾在印度北部 Pahansu 进行了两年的田野考察后，于 1988 年出版了《礼物的砒霜：印度北部村庄的仪礼，表达和统治种姓》（*The Poison in the Gift: Ritual, Prestation, and the Dominant Caste in a North Indian Village*），观察了不同种姓之间的礼物馈赠仪式。她描述了当那些拥有土地的统治种姓给那些低种姓的人群赠送礼物时，这些接受礼物的低种姓人群不能回赠礼物。因为，这些礼物是一种"檀施"（Dāna）之礼。在这种仪式下，当赠送者给接受者施舍物品（礼物）时，赠送者会通过这些赠送出去的施舍物而将自己的罪恶或者不净转嫁到接受者那里①②③。如果说"檀施"是在一种既定种姓之间发生的，那么萨林斯所提及的摩卡（Moka）交换仪式则是通过个人努力，参与摩卡交换仪式而提升社会地位的典型例子④。摩卡交换仪式是流行于巴布亚新几内亚哈根山的交换仪式，在这种交换仪式中"猪"和稀有的"珍珠贝"是主要的礼物交换品。赠予者会尽可能多地赠送（或者回赠）给接受者可能无法偿还的礼物。这使得接受者可能处于"债"的角色，从而赠予者越可能获得尊重和威望，进而成为 Big Man。Big Man 象征着社会地位，因自己的能力而受到所处群体的认可并受到尊重，而无法回赠者则被称为 Rubbish Man⑤⑥。

　　综观上述，"礼物"在不同的文化氛围中扮演着不同的社会功能。在那些非商业化的社会中，礼物交换不但是资源的再分配，同时对不同的交换方式有其特定的文化解释和社会功能。卡尔·博安娜（**Karl Bohanna**）和保罗·博

①　Parry Jonathan, "The Gift, the Indian Gift and the 'Indian Gift'", *Man*, Vol.21, No.3, p.467, 1986.

②　Raheja Gloria Goodwin, *The Poison in the Gift: Ritual, Prestation, and the Dominant Caste in a North Indian Village*, Chicago: The University of Chicago Press, 1988.

③　[美]闫云翔：《礼物的流动：一个中国村庄中的互惠原则与社会网络》，李方春、刘瑜译，上海人民出版社 2000 年版，第 10 页。

④　Sahlins Marshall, "Poor Man, Rich Man, Big-Man, Chief: Political Types in Melanesia and Polynesia", *Comparative Studies in Society and History*, Vol. 5, No.3, pp.285－303, 1963.

⑤　Sahlins Marshall, "Poor Man, Rich Man, Big-Man, Chief: Political Types in Melanesia and Polynesia", *Comparative Studies in Society and History,* Vol. 5, No.3, pp. 294－297,1963.

⑥　*Moka exchange* (n.d.). 检索自 http://en.wikipedia.org/wiki/Moka_exchange#cite_ref-2。

安娜（Paul Bohannan）从西非尼日利亚 Tiv 语系族的研究中发现，1927 年英国殖民该地区以前，这一非商业化的社区中物品的交换有三种领域（spheres of exchange）。属于第一种交换领域的物品称之为 yaigh。它是产自本地的食品如蔬菜、谷物、鸡、羊和山羊，以及厨具、农业工具。这些物品在本地的市场上通过物物交换来实现，交换者会将那些自己不大需要的物品拿来交换那些对自己而言有用且相对等值（或更高）的物品。属于第二种交换领域的物品称之为 shagba，包括黄牛、白色的布料、药品、宗教祭仪、奴隶以及黄铜条[1]。在这一交换领域中，黄铜条成为价值媒介而被普遍使用，这些交换不发生在市场上，而是在庆典仪式上完成的。第三种交换领域则是通过婚姻实现的妇女交换。属于不同亲系群（lineage segment）的男子通过交换彼此的女性亲戚来获得妻子。在这种交换中，男子也会赠送牲畜和黄铜条给未来妻子的兄弟，但显然"牲畜和黄铜条"与"妻子"是没有等同价值的，故而这种交换完全属于互惠性质的交换[2][3][4]。这三种交换领域各自有其特定而独特的文化解释，并且它们之间是不能产生交换的。这是为了防止那些对财富有控制权的少数人对日用的物品产生并实行垄断。而在商业化社会中，货币作为唯一的价值媒介，打破了这些交换领域之间的边界，从而破坏了传统社区中建立起来的资源分配系统、文化诠释及社会关系[5]。即便在商业化的社会，乔纳森·帕里（Jonathan Parry）和莫里斯·布洛赫（Maurice Bloch）指出，在一个家庭中资源再分配时仍然是避免使用货币的。因为，家庭仍然延续着社会再生产的功能，它依旧为宗教礼仪、婚庆、丧葬及礼物交换提供着社会文化最基础的平台[6]。这些研究显然从二元论的角度将礼物交换与商品交换明显区

---

① 阎云翔译为"金属条"，参见阎云翔《礼物的流动：一个中国村庄中的互惠原则与社会网络》，李方春、刘瑜译，上海人民出版社 2000 年版，第 8 页。

② Bohanna Paul & Bohann Laura, *Tiv Economy*, Northwestern University Press, Evanston, IL, 1968, pp.227−228.

③ *Spheres of exchange* (n.d.). 检索自 http://en.wikipedia.org/wiki/Spheres_of_exchange。

④ Layton Rober, *An Introduction to Theory in Anthropology*, Cambridge: Cambridge University Press, 1997, pp.102−103.

⑤ Bohannan Paul, "The Impact of money on an African subsistence economy", *The Journal of Economic History*, Vol.19, No.4, 1959, pp.491−503.

⑥ Parry Jonathan & Maurice Bloch, *Money and the Morality of Exchange*, Cambridge: Cambridge University Press, 1989, pp.28−30.

分开来。格里高利在其著作《礼物与商品》(*Gifts and Commodities*) 中进一步发展了礼物与商品两极对立的观点，并从五个方面对礼物交换和商品交换进行了区分[1]。

与其将礼物与商品明显区分并对立起来，一些人类学家认为不如反思礼物研究的理论出发点。这与学术界的后现代思潮不无关系。英国女权主义人类学家玛丽琳·斯特拉斯 (Marilyn Strathern) 质疑了西方人类学理论对土著社区研究先入为主的理论框定，如在马林诺夫斯基及其他人类学家的礼物研究轨迹中关于"性别—占有"，抑或"礼物—商品"二元化的概念都非常西方化，但是土著人有其自己的一套术语及相应的逻辑思路[2]。美籍印度人类学家阿尔琼·阿帕杜莱 (Arjun Appadurai) 则进一步提出了礼物与商品之间的角色具有可转变性。阿帕杜莱论证了人类社会生活中的物质文化角色：物品是具备社会生活的，因为物品被植入了文化的价值并且由社会创造出来。一种物品可以在不同的文化价值领域停留或者转换。物品存在于文化所构建的结构中，它所意涵的是相互关联且复杂的信息[3]。英国人类学家尼古拉斯·托马斯 (Nicholas Thomas) 以类似的观点反思了自莫斯开始的礼物研究。他不赞同以"普遍性"的眼光去理解他者社会，也不认同将物品交换区分为或礼物或商品的二元分法。托马斯提倡以多样性、地方性和特有性的角度理解和研究物品的交换及其文化解释和社会功能[4][5]。

不论以何种理论角度诠释物品交换，礼物的经济作用、社会功能及文化价值一直存在于人类社会生活的各个方面。正如王铭铭所写的："我们可以从莫斯的灵魂深处看到一线智慧之光：功利主义经济学越充斥着当今世界，莫斯

---

① Gregory Chris, *Gift and Commodities*, London: Academic Press, 1982.

② Strathern Marilyn, *The Gender of the Gift: Problems with Women and Problems with Society in Melanesia*, Berkeley: University of California Press, 1988.

③ Arjun Appadurai, Introduction: commodities and the politics of value. In Arjun Appadurai (Ed.), *The Social Life of Things: Commodities in Cultural Perspective* (pp.3-62), New York: Cambridge University Press, 1986.

④ Thomas Nicholas, *Entangled Objects: Exchange, Material Culture, and Colonialism in the Pacific*, Cambridge, MA: Harvard University Press, 1991.

⑤ Linnekin Jocelyn, "Entangled Objects: Exchange, Material Culture, and Colonialism in the Pacific by Nicholas Thomas", *The International History Review*, Vol.15, No.2, pp.353-355.

的话语便越显亲切；这套话语激励着我们从另外一种历史中思索我们自己，从另外一个空间点出发并回归我们的时间"①。

二　西藏畜牧社会及礼物研究

在转向西藏畜牧社会的礼物研究前，有必要对人类学、畜牧社会及对西藏畜牧社会的研究做一梳理，通过这些文献来了解有关西藏畜牧社会研究的趋势及其中有关礼物研究的状况。

1. 人类学之畜牧社会研究

畜牧社会是人类从事畜牧经济活动而形成的一种社会形态。在全球，从事畜牧业的人有 1—2 亿，分别分布在南美洲、中亚平原、欧洲及非洲撒哈拉一带②③。而人类社会从事畜牧业的历史早于人类社会的农业历史及定居文化。目前，世界上 40% 的土地面积用于畜牧牲畜（除了南极和格陵兰岛），分布在中国西藏的畜牧④是其中一部分。西藏的畜牧生产方式因其地理环境的因素与中亚地区的畜牧方式更为类似。

人类学家对畜牧社会的研究可以追溯到 20 世纪早期，这些研究依照畜牧社会所处环境和文化特征的不同被归为七类⑤。如欧洲半岛斯堪的纳维亚对驯鹿社区的研究⑥，居住在欧亚草原以饲养马为主的斯基泰人、蒙古人、卡萨克斯坦人等⑦。20 世纪 70 年代开始，很多人类学家加入了游牧民族和世界环境

---

① 王铭铭：《物的社会生命？——莫斯〈论礼物〉的解释力与局限性》，《社会学研究》2006 年第 4 期，第 225—238 页。

② FAO, "The Sate of Food Insecurity in the World", 2003 Retrieved from http://www.fao.org/docrep/006/j0083e/j0083e00.HTM.

③ Davies Jonathan & Hatfield Richard, "The Economics of Mobile Pastoralism: A Global Summary",*Nomadic People*,Vol.11, No.1, 2007, pp. 91—116.

④ 根据网上资料农牧民人口占据藏区总人口的 81%（http://www.tibet.cn/zt2008/08xzssysz/mzrm/200805/t20080513_380122.htm, 2011, 12 月 5th），但这份资料没有说明数据中的藏区总人口指西藏自治区，或者还包括了其他藏族人口分布区域如青海、甘肃、云南等。

⑤ Barfield Thomas, "Pastoral Nomads or Nomadic Pastoralists", in Thomas, Barfield (Ed.), *The Dictionary of Anthropology*, Oxford: Blackwell Publications, 1997, pp.349—350.

⑥ Ingold Tim, *Hunters, Pastoralists and Ranchers*,Cambridge: Cambridge University Press, 1980.

⑦ Barfield Thomas, *The Perilous Frontier: Nomadic Empires and China*, Oxford: Blackwell, 1989.

急剧变化之间的讨论。虽然，游牧社区面临着来自生态环境、传统经济方式、本土生活方式方面的挑战，但其亲系组织之间的互惠和互助仍然发挥着极其重要的作用。例如剑桥大学的汉佛莱（Humphrey）和斯尼斯（Sneath）对俄国、中国及蒙古共和国的研究中写道：

> 我们发现这些游牧生产区域正在步入现代化和城市化生活的轨道上……在中国，有的牧民能够很好地利用市场机遇带给他们的优越性，而有的则基本上以自给自足为生产模式……在内陆亚洲的这些地方，尤其是城市中，受市场和全球化影响的消费文化比较普遍……即便面临很多变化，所有这些区域在牧民社区中以家庭为单位的亲系组织仍然发挥着重要的作用[①]。

他们的研究强调了游牧社区在面对国家行为的干涉和市场冲击的影响时，如何保持并发挥其本土社会组织的文化功能，实现对地方牧区文化和价值的尊重，从而具备多方位的人文和生态的长远可持续性共存[②]。这一观点是目前畜牧社会研究领域中社会科学研究者普遍认同的一个观点[③④⑤]。

2. 人类学之西藏畜牧社会研究

近年来国际学术界对藏区畜牧社会的研究也多以"传统与挑战"为视

① Humphrey Caroline & Sneath David, *The End of Nomadism? Society, State and the Environment in Inner Asia*, Durhan, NC: Duke University Press, 1999, pp.3－15.

② Ib, pp.293－296.

③ Delgado Christopher L., Rosegrant Mark W., Steinfeld Henning, Simeon K Ehui & Courbois Claude, *Livestock to 2020: the Next Food Revolution*, International Food Policy Research Institute (IFPRI) and International Livestock Research Institute, 28. Washington, DC: FAO, 1999, pp.45－48.

④ Bauer Ken, "Mobility, flexibility and Poential of Nomadic Pastoralism in Eurasia and Africa", Book Review, *Nomadic Peoples*, Vol. 11, No.1, 2007, pp.117－123.

⑤ Joseph Ginat & Anatoly M. Khazanov (eds.), *Changing Nomads in Changing World*, Brighton: Sussex Academic Press, 1998.

角①②③④⑤⑥⑦⑧⑨⑩⑪⑫⑬⑭⑮，这些研究中梅尔文·格尔斯坦（Melvyn Goldstein）教授对西藏牧区的一系列研究最广为提及和引用。格尔斯坦在西藏日喀则帕拉

① Goldstein M. C, "Change, Conflict and Continuity among a Community of Nomadic Pastoralists: A Case Study from Western Tibet, 1950 – 1990", In Barnett R. & Akiner S. (Eds.), *Resistance and Reform in Tibet*, London: Hurst & Company,1994.

② Goldstein M. C., Benjiao, Beal Cynthia. M & Phuntsog Tsering, "Development and Change in Rural Tibet: Problems and Adaptation", *Asian Survey*,Vol. 43, No.5, 2003, pp.758−779.

③ Goldstein M. C. and Beal Cynthia M., "The Impact of China's Reform Policy on the Nomads of Western Tibet", *Asian Survey*, Vol.29, No.6, 1989, pp.619−641.

④ Miller Daniel, *Fields of Grass: Portraits of the Pastoral Landscape and Nomads of the Tibetan Plateau andHimalaya*, Kathmandu: International Centre for Integrated Mountain Developmnt (ICIMOD),1998.

_____, "Nomads of the Tibetan Plateau Rangelands in Western China-Parts Two: Pastoral Production Practices" *Rangelands,*Vol. 21, No.1, 1999, pp.16−19.

⑤ Yeh Emily, "Tibetan Range Wars: Spatial Politics and Authority on the Grasslands of Amdo", *Development and Change*,Vol.34, No.3, 2003, pp.499−523.

⑥ Fischer Andrew Martin, "Subsistence Capacity: Subsistence Capacity: The Commoditisation of rural labour re-examined through the case of Tibet", London: Development Studies Institute, London School of Economics and Political Science, 2006.

_____, Poverty by Design: The Economics of Discrimination in Tibet.
Retrieved from.http://www.tibet.ca/_media/PDF/PovertybyDesign.pdf,2002.

⑦ Banks Tony, "Property Rights Reform in Rangeland China: Dilemmas on the Road to the Household Ranch", *World Development*, Vol.31, No.12, 2003, pp.2129−2142.

⑧ Shiyong Wang, "The failure of education in preparing Tibetans for market participation", *Asian Ethnicity*, Vol.8, No.2, 2007, pp.131−148.

_____, "Policy impact on Tibetan market participation", *Asian Ethnicity*, Vol.10, No.1, pp. 1−18, 2009.

⑨ Bauer Ken, "Pastoral Development and The Enclusure Movement in Pastoral the Tibet Autonomous Region since the 1980s", *Nomadic Peoples*, Vol.9, 2005, pp.85−115.

⑩ Clake Graham E., "Tibet today: Propaganda, Record, and Policy", *Himalayan Research Bulletin*,Vol.8, No.1, pp.25−36, 1986.

_____,*China's Reforms of Tibet, and Their Effects on Pastoralism*, University of Sussex: Institute of Development Studies, Brighton,1987.

⑪ Wu Ning & Richard Camille, "The Privatization Process of Rangeland and tis Impacts on Pastoral Dynamics in the Hindu-Kush Himalaya: The Case of Western Sichuan, China", 1999. Retrieved from http://www.eldis.org/vfile/upload/1/document/0708/DOC9644.pdf.

⑫ Ho Petter, "The Clash over state and collective property: The making of the rangeland law", *China Quarterly*, Vol.161, 2000, pp.240−263.

⑬ 马戎：《西藏的人口与社会》，北京同心出版社1996年版。
马戎：《西藏社会发展简论》，北京中国藏学出版社1997年版。

⑭ 肖怀远：《西藏畜牧业走向市场的问题与对策》，西藏人民出版社1994年版。
肖怀远：《西藏农牧区：改革与发展》，中国藏学出版社1994年版。

⑮ 俞联平、高占琪、杨虎：《那曲地区草地畜牧业可持续发展对策》，《草业科学》2004, 21（11）。

（Phala[①]）地区通过人类学实地调查研究后提出：自中国改革开放之后，西藏牧区的社会组织及劳作方式又延续[②]着其传统的方式[③④⑤]。另一个值得一提的是安德鲁·费希尔（Andrew Fischer）[⑥]从宏观经济学的角度提出了西藏牧区和农区在国家行为下的被动式经济生活状态，换句话说，他的研究似乎将牧民和农民视为被动而没有自我调节机制的存在体。这可能也是因为费希尔的研究论点基于大量的统计数据资料，并未进行过入户访谈调查而缺乏翔实的实地田野观察和资料所致。格尔斯坦在2009年的一次学术讲座上也强调了他对费希尔这一论点的反对。

针对西藏畜牧研究的其他研究往往以"本位主义"[⑦]的角度诠释牧民，尤其针对牧民的本土方式[⑧⑨⑩]。与这些诠释角度持不同观点的学者如丹尼尔·米勒（Daniel Miller）和丹尼斯·夏利（Dennis Sheehy）指出"如果对牧民的历史和他们与外界的互动关系（经济的和文化的）没有深入的理解，我们便无法真正地了解牧民"[⑪]。

关于那曲畜牧研究方面，有几部值得一提的研究：其中西藏那曲地区政协

① "帕拉"位于西藏自治区北部高原，海拔为4850—5450米。

② 格尔斯坦教授用了"re-emerge"一词，可译为"回归"或"复兴"。

③ Goldstein M. C., "Change, Conflict and Continuity among a Community of Nomadic Pastoralists: A Case Study from Western Tibet, 1950－1990" In Barnett R. & Akiner S. (Eds.), *Resistance and Reform in Tibet*, London: Hurst & Company,1994.

④ Goldstein M. C., Benjiao Beal Cynthia M. & Phuntsog Tsering, "Development and Change in Rural Tibet: Problems and Adaptation", *Asian Survey*, Vol.*43,* No.5, 2003, pp.758－779.

⑤ Goldstein M. C. & Beal Cynthia M., "The Impact of China's Reform Policy on the Nomads of Western Tibet", *Asian Survey*,Vol.*29,* No.6, 1989, pp.619－641.

⑥ Fischer Andrew Martin, "Subsistence Capacity: Subsistence Capacity: The Commoditisation of rural labour re-examined through the case of Tibet", London: Development Studies Institute, London School of Economics and Political Science, 2006.

_____,*State Growth and Social Exclusion in Tibet.Challenges of Recent Economic Growth*, Copenhagen: Nordic Institute of Asian Studies Press, 2005.

⑦ Goldstein, presentation, Oslo University, Nov. 3rd 2009.

⑧ 刘淑珍、周麟、仇崇善、张建平、方一平、高维森：《西藏自治区那曲地区草地退化沙化研究》，西藏人民出版社1999年版。

⑨ 魏兴琥、杨萍、王亚军、谢忠奎、陈怀顺：《西藏那曲现行草场管理方式与草地退化的关系》，《草业科学》2003年版20（9）。

⑩ 李凡、李森、陈同庆：《西藏那曲藏北草地观光畜牧业发展的探讨》，《四川草原》2004年第12期。

⑪ Miller, Daniel & Sheehy, Dennis, "The Relevane of Owen Lattimore's Writing for nomadic Pastoralism Research and Development in Inner Asia", *Nomadic People*, Vol.12, No.2, 2008, pp.103－115.

尼达活佛等编著的西藏那曲文史资料丛书提供了中华人民共和国成立前那曲一带早期的部落历史、民俗习惯、草原畜牧生产经济方面的翔实资料。这一丛书为其他研究者提供了极为珍贵的文本参考资料[1]。格勒等编著的《藏北牧民》成为以人类学的研究方法提供的那曲牧民社会生产状态的民族志（以那曲安多为主）[2]。此外，基于20世纪50年代中国民族调查的《中国少数民族社会历史调查资料丛刊——藏族社会历史调查》之那曲篇，对了解当时牧民的经济生产状态和社会结构有着很翔实的借鉴作用[3]。近几年也出现了很多研究成果，其中万德卡尔的论文翔实地记录了经济变革中牧民"物质文化"（作者语）的变化[4]。在这些研究中《中国少数民族社会历史调查资料丛刊》参照的理论及调查方法有其特定的历史背景[5][6]，其他的研究多少都有理论分析上的缺憾，尤其是涉及畜牧社区在社会变化背景下的分析，大多停留在资料描述的层面上，没有更多参考类似研究的比较，或理论深度的分析。

3. 西藏畜牧社会之礼物研究

以上研究中无一专门涉及西藏畜牧社区礼物经济的研究，多以畜牧文化的变迁与重构为主，但通过对牧区礼物交换及互惠功能的记录和分析来展示这种变迁和重构的研究在英文、藏文文献中都寥寥无几。但庆幸的是，这些研究都涉及了地方社会组织互惠、互助功能的重要角色，而本书将要展现的正是礼物交换在地方社会组织的互惠互助中所发挥的重要功能。汉文文献中仅有两篇文献专门谈及藏区礼物馈赠礼仪。一篇是南措姐的硕士学位论文《藏族人生礼仪馈赠礼俗研究——以青海安多赤嘎（贵德县）藏区为例》较为

① ཉི་སྐུ།《རོང་ཚོ་སོ་དགུའི་ལོ་རྒྱུས་ཆོས་འབྲེལ་བཤུགས།》，ནག་ཆུ་ས་གནས་སྲིད་གྲོས་ལོ་རྒྱུས་རིག་གནས་རྩོམ་སྒྲིག་ཁང་། བོད་ལྗོངས་ནག་ཆུ་ས་གནས་སྲིད་གྲོས་རིག་གནས་ལོ་རྒྱུས་དང་། ནག་ཆུ་ས་གནས་སྲིད་གྲོས་རིག་གནས་ལོ་རྒྱུས་རྩོམ་སྒྲིག་ཁང་ནས་བཤུགས།》，1992。

② 格勒、刘一鸣、张建林、安才旦：《藏北牧民》，中国藏学出版社2002年版。

③ 西藏历史资料编辑组：《中国少数民族社会历史调查资料丛刊——藏族社会历史调查》，西藏人民出版社1987年版。

④ 万德卡尔：《藏北牧区家庭物质生活变迁》，载中国藏学研究中心社会经济研究所《西藏家庭40年变迁：西藏百户家庭调查报告》，中国藏学研究中心1996年版。

⑤ 揣振宇、华祖根、蔡曼华：《伟大的起点：新中国民族大调查纪念文集》，中国社会科学出版社2007年版。

⑥ Tapp Nicholas, "In Defence of the Archaic: A Reconsideration of the 1950s Ethnic Classification Project in China", *Asian Ethnicity*, Vol.3, No.1, 2002, pp.63-84.

系统地介绍了藏族人生礼仪中的馈赠习俗 (2010)①。该文对人类学礼物研究的理论理解和梳理虽然略显肤浅，但作者通过人生礼仪的几个场景，对礼物交换的方式、礼物的种类及礼物禁忌习俗所做的陈述却具有很好的资料参考价值。其中一些年长访谈者对礼物及馈赠的描述对本书有很好的比较价值，如一位叫更登的受访者区别了"物"和"现金"（"钱"作者语）的功能：只有物才能视为礼，而现金则是直接的帮助。更登进一步将二者的区别放在人际关系中去描述：只有陌生人之间才会送现金。如果参加仪式，必定要带上一些实物。如果仅仅带上现金，则隐含了送礼者财富的炫耀，甚至对主人的蔑视。有趣的是，如果在带去实物的同时赠送现金，则可以转化为对这一仪式的重视和增加喜庆（南措姐，2011:8）。虽然作者并未对这种现象背后的经济变迁及文化适应做出深入分析，但文中类似的田野资料为本书提供了不同区域之间的比较元素（参后）。另一篇是朱伟的《仪礼与交换——白马藏人葬礼中交换的文化诠释》(2011)②，该文尝试用象征人类学的方法诠释葬礼仪式中所分享食物的文化隐喻及其性别诠释，以及延伸在这一场景中的互助行为。但这篇文章的缺憾在于作者并未清楚地陈述所调查村落的亲系群落结构及社会组织，故而反映不出交换礼仪在白马藏人地方社会组织中互惠功能的场景。这两篇文献均未能将交换仪式放置在总体经济生活的综合场景中加以分析，也未能呈现地方社会组织构建的脉络。

　　本书将对以上研究的缺憾做一补充，并尝试对西藏牧区的礼物交换及社会关系做较为系统的分析。

---

① 南措姐：《藏族人生礼仪馈赠礼俗研究——以青海安多赤嘎（贵德县）藏区为例》，硕士学位论文，西藏大学，2010年。
② 朱伟：《仪礼与交换——白马藏人葬礼中交换的文化诠释》，《西藏民族学院学报》（哲学社会科学版）2011年第1期。

"我在晨曦中吻你，
耳听清晨群鸟的啼鸣
目睹爬山虎爬上屋顶
一场渴望中的雨终于未下
但天已凉了
而你是暖的"
Martin Winter（奥地利）

图片由嘉黎县文广中心
主任索朗提供

第二章

研究进程及研究方法

我的灯和酒坛上落满灰尘
而遥远的路程上却干干净净

——海子

该课题的研究进程分为三个阶段。第一阶段侧重于田野前期的问卷设计和田野点的最终选定；第二阶段以实地田野调查为中心内容；第三阶段则着重于数据整理，田野地的回访和撰写论文[1]。在本书报告中田野地的每一个家庭以阿拉伯数字为标示，如 No.9 代表归属该亲系的主干家庭及枝干家庭；每一个单独的家庭则以阿拉伯数字附带小括号圈来表示，如 No.9$_{(1)}$。被访谈者的姓名按照人类学通常采取的方法隐去实名，以英文字母代之。

文中涉及的畜产品价格按照酥油每斤 60 元；牛奶和酸奶每斤 15 元；奶渣每斤 5 元折算。

研究方法则采用人类学通用的入户访谈、观察参与为主线，同时运用了开放式和半开放式的问卷调查。

田野点的选定

研究者确定一个田野点需要考虑各种因素：田野点与研究内容的接近度、田野时间的跨度、研究者对本土语言的掌握程度、交通的便利性、经费的可承担度等。除了结合这些因素，本课题田野点的最终确定得益于熟知那曲畜牧社会习俗，对人类学颇感兴趣的地方学者 A。A 的建议让我最终确定将那曲嘉黎县作为此次课题的入户田野点。

进入田野点

当研究者步入研究的社区时，不可能唐突贸然地直接拜访村落中的牧民，而必须通过一位熟知村落的人将自己引入研究点。并且为了确保收集田野资料时的相对真实性，应尽量避免以外来者的身份被介绍给研究对象。此次，在进入田野点之前，研究者不认识任何一位居住在村落中的牧民，地方学者 A 成为带我们进入田野区的重要媒介。

　　到了县城，见到了干练风趣的 A。商议之后，初步确定选择离县城较近的阿扎镇下属的一个村子为田野点。当天见到了阿扎镇的

---

[1]　Epstein, Arnold Leonard, *The Craft of Social Anthropology*, Great Britain: Tavistock Publications, 1967.

副镇长 N、阿扎镇人大主席。通过他们初步了解了阿扎镇下属几个村子的大概地理位置及概况。第二天，驱车前往临近的二村，十几分钟的行程到了二村，在二村驻村工作组的村工作室大致了解了一点情况，这天并没有去牧民家拜访。考虑到交通便利性及还没有非常熟悉的牧民，同时考虑到课题组直接入住村子中可能会显得唐突，故选择 S 村为佳。由此，最终确立了田野点。从二村回来的路上拜访了阿扎镇镇长，镇长是一位籍贯甘肃的女镇长，热情干练。和镇人大书记、副镇长聊天，了解了一些基本的概况（田野笔记，2013年 10 月 18 日）。

田野点的确定是田野工作的第一步，接下来我们需要进入牧民社区。依据我以往做田野的经历，通过村主任的引荐进入村落是比较可行的方法。因为，村主任一职一般都是由那些受牧民尊重及有威望的人担任。

第二天，跟随阿扎镇镇长和一村驻村书记去拜访一村村主任。一村村主任住在离县城不远的秋季草场。我们的车驰过浙江大桥便到了秋季草场。下车后，远处走来一位皮肤黝黑、留着络腮胡、系着短发的中年男子。很和善友好地和我们招呼后，引我们到他的牦牛帐篷中。村主任夫人很热情地给我们端酥油茶、酸奶还有干肉。这是这次田野第一次和村民的近距离接触。引荐我们的人离开后，我们继续留在村主任家通过他了解周围山水的地方名，村主任家的谱系表。约两个小时的聊天，对村落的自然环境有了些最基本的了解。但考虑到被访谈者的时间及意愿程度，我们没有再继续访谈村主任。村主任答应我们第二天带我们去见一位村中很健谈的 80 多岁老人（田野笔记，2013 年 10 月 19 日）。

关键访谈人之历史脉络

了解一个村落的文化形态往往开始于几个关键访谈人的口述，而村中年长且健谈的牧民往往能提供该村落较为全面的发展脉络，尤其是历史沿革的回忆和口述资料。而这些资料可以或多或少地反映出牧区社会曾经的礼物交换模式。

> 我们准备好送给 B 老人的礼物（一条哈达，一箱子雅安藏茶，3 袋冰糖和 1 斤红糖），顺带买上了昨天未能送给村主任的礼物（一条哈达，一箱子雅安藏茶）。半路上刚好遇到镇长的车子，我们一起来到镇政府院子。约好 10 点，一直等到 11 点，才见到忙碌完的村主任。于是，我们一同驱车前往一村村子，行车 5 分钟左右，路上我们将礼物送给村主任，他言谢，但看得出喜悦。B 老人的住房在该村的中间地带，院中种有 4 棵树，进了院子，见到一位精神矍铄瘦高的老人。村主任和我们随着老人走进其客厅，很干净。圆脸大眼的儿媳妇正在烙饼子。我们表明来意后，让村主任和司机先走了。我们开始和老人聊天，老人思路非常清晰。通过他初步了解到这个村中华人民共和国成立前及成立后的大致情况、合作社期间的经济状况，访谈约 2 个小时（田野笔记，2013 年 10 月 20—22 日）。23 日，让驻村书记引领，拜访了 C 老人（78 岁）。他曾是十八军翻译员，当过区长。23—25 日，通过 C 老人了解到了很多关于合作社期间及中华人民共和国成立前的详细资料。一些口述资料与 B 老人略有不同。同时完成了第一份家庭经济问卷。

关键访谈人之谱系结构

对村落中现有礼物交换的了解则开始于最基本的谱系结构的绘制，以及对每一户房屋坐落的清晰标示。因为礼物交换最常发生的场景存在于亲系链中，以及不同的亲系链之间。谱系结构这些信息对村落中亲系关系的构成有了最基础的了解，而当研究者进一步入户问卷调查时，及观察礼物往来的过程中，这些前期收集的信息都成为了解村落关系网络的重要辅助资料。通过前期关键访谈人所完成的各户谱系表在入户访谈过程中进行进一步的核实，以达到谱系信息的准确。牧区的房屋坐落往往和亲系关系的远近有着或多或少的关系，这是对亲系链的辅助资料也是村落布局的基本了解。

21 日这天，通过驻村的书记（80 后，物理学专业）收集了一些统计资料、该村的大致房屋布局图、作为参考的简单亲系关系表。26 日，昨天和村主任约好今天 11 点在村办公室会面，我们按时赶到村委会院子前，约 11 点半村主任骑着摩托车从秋季牧场赶来。因为办公室又没开门，我们提议一边帮助村主任割草，一边访谈，村主任先是犹豫，后答应带我们一同去。约 5 分钟路程，到了村主任的房子，这是一村的旧村址。和村中大多数房子一样，村主任家是石木结构，院子里种有饲料。这天开始了谱系表的再整理，村主任所能提供的信息显然比村委书记更为熟悉。考虑到村主任需要去割草，照料牲畜，我们对谱系表的整理进行到 1/3 就停止了。村主任打电话让副村主任顺路领我们见一下该村妇联主任 C。村妇联主任很热情地让我们进屋，正值他们快要午饭时间，我们表明来意，约好下午在县里见面。下午 15:20 在县城的一个小诊所里见到了准备输液的村妇联主任。用了两天的时间访谈 C 村每一户的亲系关系，我在一张 A4 的纸上排列每一个亲系的分类图，同时完成了村中迁入和迁出的人口统计。村妇联主任对该村的情况非常熟知，对每一户的亲系关系都了如指掌。而她非常好的表达能力和清晰的逻辑，让我得以系统地完成了谱系表的绘制工作。

观察和参与之互助互惠的场景

如何将礼物交换与社会关系放置在村落的文化场景中去解读？人类学的参与观察法引领我步入了村落的常态生活场景，以及存在于其中的礼物馈赠和牧民之间的互惠、互助行为：

27 日中午去吃饭的途中，遇到村主任，他说他们家今天要从秋季牧场搬迁到冬季屋，我们吃完饭，徒步走到秋季牧场，村主任一家和村主任妻子的兄弟一家正在搬家。显然，这是亲戚的一种互助。搬家过程中，来了村主任妻子的哥哥（在县上工作），他们是来收集送给他们晒干好的牛粪。29 日，上午完成了所有谱系表的整理。买了送给村妇联主任的礼物（60元的茶），打电话约她。妇联主任很热情地邀请我们去她家。她为自己的丈夫和孩子准备好午饭，自己才开始吃饭。饭里面有奶渣酸水，我好奇地问他们家没有牲畜，这种畜产品是不是自己购买的。她说是有牲畜的邻里送的。每当邻里送这些时，她就会回赠质量上好的食品。这次简短的访谈，让我了解到村里有牲畜牧户和没有牲畜牧户之间的食物馈赠和回赠。8月30日至9月4日，田野调查的主要内容是完成两份问卷（家庭经济和礼物交换），这几天妇联主任近似我的田野助理，每天会领我去不同的家完成问卷。去 AZ 爷爷家时，碰巧 AZ 爷爷去参加 ZX 家孩子升学欢送（确定了这种仪式下村民之间的互访）。后面还来了一家寺院的老和尚来化缘，AZ 家赠送了酥油和奶渣，由此了解到村民在宗教礼仪方面的食物馈赠。

人类学的研究方法强调"在那里"（being there）也即研究者深入实地，从田野中获得用于分析研究的第一手资料。本课题的田野资料从研究者依照上述方法慢慢介入村落，收集一些基本资料，逐步进入了每一户的家庭经济问卷调查。而参与观察的方法贯穿始终，它介于研究者和牧民之间的信任度建立，研究者被牧民接纳的过程。由此，研究者得以逐步参与到牧民日常的聊天、闲谈、玩笑、开会及劳作中。而怎样将这些常态化的资料加以分析，归纳到某种模式中，并进一步将之融入人类行为的共性中，则取决于研究者自身对理论的取向、诠释及掌握度。

第三章

田野点

由于一只蝴蝶的缘故
我爱上了所有的花朵
体会空气绵软的触角
伸向喉管的过程
总有迷人的风流向时辰背后
那些美丽的苍茫
消融进群山的宁静
呈现最为生动的情景
从岩层坚强的纹路
你会看出一种东西
有多么珍贵
值得固守

——贺中

一 嘉黎县

本课题入户调查的地点在西藏自治区那曲地区嘉黎县。该县位于北纬31度7分至32度，东经91度9分至94度1分。坐落在西藏东部，那曲地区东南部。东部与昌都地区边坝县和林芝地区波密县相连，南临当雄县、林周县、墨竹工卡县，北与比如县交界。县的总面积为1.32万平方千米，总人口有36890人，全县辖2镇8乡，122个村（居）委员会，310个自然村①。

嘉黎（藏文：ལྷ་རི་རྫོང，威利转写：lha.ri.rdzong），在藏语中是"神山"之意。"神山"之名据说是因为此地曾受十八罗汉的加持而得名。据说，自清朝雍正皇帝至宣统帝为止，共有七十八位驻藏大臣经成都路经此地进入后藏，故在历史上嘉黎是一处重要的驿站②。民国初年西藏噶厦地方政府在嘉黎设宗。1952年成立嘉黎宗解放委员会。1959年7月下旬，嘉黎宗改为嘉黎县。1960年1月7日嘉黎县由林芝专署管辖。1964年6月林芝专署撤销，将嘉黎县划归那曲地区管辖至今。最早的县城位于拉里（ལྷ་རི་འགོ/lha.ri.vgo，即现在的嘉黎镇）。20世纪80年代时，县城由拉里迁到达玛（སྟར་མ/star.ma，现阿扎镇境内），1989年底，县府从达玛迁至现在的阿扎镇（ཨར་རྩ/ar.rtsa），阿扎镇又叫亚昂尔（དབྱར་ངར/dbyar.ngar）③。

嘉黎县平均海拔4500米，所处地理位置决定了其高原山地，高原大陆型气候。这一区域年平均气温在 −0.21℃，受地势的影响，西北部几个区域年温度处于0℃以下，全年没有绝对无霜期，是藏北中心降雪地区之一。而位于该县南部的忠义乡，则气候温和、四季分明、雨水充沛，有"藏北小江南"之称④。

该县属藏北高原与藏东高山峡谷结合地带的高原山区，地势从西北到东

---

① 2017年嘉黎县官方数据。

② 所引历史资料摘自神奇美丽的圣地嘉黎 (n.d.)，《神奇美丽的圣地嘉黎》[宣传册子]，西藏那曲嘉黎县藏医院，印刷年不详。这些历史资料所引自的参考书目在该册子中没有注明，故相关信息仅作参考。

③ 那曲嘉黎县简介 (n.d.)，检索自 http://www.114huoche.com/zhengfu/NaQu-JiaLiXian。

④ 嘉黎县 (n.d.)，检索自 http://baike.baidu.com/link?url=xbyeGugcspgkX9GpLq47geweShrCzVoFqnElF kkTJ2b0rMoLzn5DSvnLdpcgKTYG。

南由高到低倾斜。念青唐古拉山的支脉如阿依拉山、鲁贡拉山、杰拉山、岗巴拉山、楚拉山、崩希拉山等都分布在该县境内。拉萨河的上游麦地藏布江也流经该县。境内主要湖泊有江南玉湖、措拉湖、鼓措湖等。其地理环境出产着各种丰富的自然资源：如矿产资源金、铅、云母等；野生动物如羚羊、黄羊、岩羊、盘羊、狼、野兔、狐狸、猞猁、豺、豹子、鹿、獐子、猴子、马熊、狗熊、獾等；野生植物如虫草、贝母、大黄、雪莲花等；林木树种主要有松、柏、杉、桦、青冈等。

该县以畜牧生产为其主要的经济方式，兼有少量种植业。畜牧业以饲养牦牛、绵羊、山羊为主，也饲养有马、驴、骡。种植业以青稞、春小麦、豌豆、油菜种植为主。经济林木有核桃、野梨等。而如今，虫草、贝母、麝香等成为牧民重要的现金收入资源。

二　县城

嘉黎县县城所处位置称为"阿扎"，这一名称据说是因为阿杂寺桑额曲林寺（ཨར་རྩ་དགོན་གསང་སྔགས་ཆོས་གླིང /ar.rtsa.dgon.gsang.sngags.chos.gling）西面的一座岩石上生有天然形成的藏文"阿"字，该地因之得名为"阿扎"。县城距那曲镇211千米，距拉萨市537千米。如果坐班车从拉萨到嘉黎县县城需要2天的行程，早晨8点从拉萨坐班车，下午13:30到那曲，客车在那曲客运站新站停靠。在客运站买次日去嘉黎县的客车票，第二天早晨8:00从那曲客运站出发，中午12:00左右便可到达嘉黎县城。如果有专车，从拉萨出发，途经那曲，当天就可抵达嘉黎县城。坐客车去嘉黎，旅途中的乘客和沿途风景对我们都是田野调查的开始：

客车上有两个汉族工人，他们先后在途中经过的工地处下车；有几个说日喀则方言的农区小伙子，其中一位手握山寨版的触控手机，一路上不停地接着电话，言语中日喀则方言夹杂着些许那曲方言，显然他在那曲一带打工已经有一段时间。这次似乎是带着其他几个农区小伙子找到了在镇上打工的事宜。车中其他乘客是牧民，一位年长的男性牧民穿着藏装，手握念珠，一路细语诵祷，年轻的一位牧民着便装，一路玩着手机，有几个小孩都着便装，不时享用着放置身旁的几种实惠饼干和碳酸饮料。

到了嘉黎县城，其秀美的自然风景几乎颠覆了以往我对那曲高寒草甸风景的印象。满山碧绿和清澈见底的湖水环绕着这座高原小镇，山上盛开着绿色的松柏树，平原处是开满龙胆花的青青草地。对此，牧民们则以象征的手法对环绕四周的自然山水赋予着信仰敬畏的描绘。北依一座长满松神树的形似一条鱼状的山，方言中称为阿日山（ཉ་རི /nya.ri），意为"鱼山"；这座山后坐落有泽娜湖（又名金刚菩神湖，ཚལ་ནག་མཚོ/ tshal.nag.mtsho）；南朝一座山石林立的山脉，被誉为胜乐本尊（又叫千佛山，འཁོར་ལོ་བདེ་མཆོག་གི་གནས་རི /vkhor.lo.bde.mchog.gi.gnas.ri）；西面的山脉誉为护法神山峰，环绕着嘉乃玉措湖（意为智慧命湖，འཇའ་སྣེ་འཇམ་དབྱངས་བླ་མཚོ /vjav.sne.vjam.dbyangs.bla.mtsho）；东面坐落的湖泊则称为泽嘎尔神湖（观世音神湖，ཚལ་དཀར་སྤྱན་རས་གཟིགས་ཀྱི་བླ་མཚོ /tshal.dkar.spyan.ras.gzigs.kyi.bla.mtsho）。

> 我们身处神山圣湖之中，如此有福报！离我们不远的这三座湖都是令人敬畏的圣湖。我的儿子曾经从泽嘎尔湖（མཚེའུ་དཀར་མཚོ /mtshevu.dkar.mtsho）捡到过一块天然形成的显示有……啊（ཨ）……的神石。在我小时候，我记得每当藏历6月或者7月时，寺院喇嘛会到嘉乃玉措祭湖，听说有专门的祭湖经文。信男善女会在湖周围搭起帐篷，载歌载舞庆祝这一仪式……后来"文化大革命"开始，破"四旧"运动，这个祭湖仪式就完全没有了（79岁B爷爷和78岁Q奶奶录音访谈，2013）。

对这些山貌湖泊的形成来由，地方文化中则以象征性手法将之与信仰体系相连加以阐释，多与佛教寓意有关。分布在县城周围的这三座湖，其形成的过程有两种传说，阐述方式都围绕"鱼山"的形成过程展开。一种是相传太湖有一神鱼，因其不愿受水域的限制，故前往佛祖之地欲倾诉不公。离开时口含清水，腾空驾起，一路朝西来到现在的嘉黎县境内。猛然看到前方一阵祥光闪耀，误以为自己已经来到仙境，不由开怀一笑，于是口含的清水从左右口角喷出，一边形成泽娜神湖，另一边形成嘉乃玉措湖，而身上的水沿尾鳍滴下，形成措嘎湖。神鱼忘了自己终究是鱼类，需以水生存，无法继续前行，鱼身便化为一座山。另一传说中则仅隐喻了两座湖泊的形成过程：相传措嘎神湖中有一神鱼，时常跃出水面眺望常到嘉黎县西部牧场放牧的少女，一日终于忍不住欲前往倾诉自己的情怀，就在接近那少女时，少女在瞬间化成一把巨剑挡在其面前，此鱼为此懊悔不已，深感自己修行不够，眼角流出两滴泪来，泪水化成了泽娜湖和嘉乃玉措湖，而此鱼化成了县城背后的那座"鱼山"。

县城背依"鱼山"，面朝千佛山，坐北朝南，东西横向。305省道贯穿县城的东西，新建的人民路与305省道在县城交叠，人民路也是县中心的主要交通要道，两侧分布着政府机关、邮局、农业银行、县医院、私人诊所①、中餐馆、藏餐馆、台球室、朗玛厅以及小型商铺。浙江路位于县城南部，是另一条主干道，浙江路的南边零星分布着许多临时搭建的铁皮房，当地人说这是邻近的牧民以此方式提前居住在近县城的地皮上，以待以后升值作为自己居住或者买卖。浙江路的北边正破土动工，许多建筑拔地而起。这些建筑中让我眼前一亮的是即将建成的新华书店。而连接人民路和浙江路的是分布东西两面的两条温州路，如此形成环县城而绕的环城路。

县城作为村落与城市之间的连接点，它的功能除了作为政府机关开展日常工作的机构场景，同时也成为方圆周围牧民们实现商品货币交换、娱乐休闲的重要社会场所。各个商铺近乎提供了所有日用和常用的消费品。除了这些小型店铺，还有几家小型便民超市。藏餐馆是一重要的社交休闲场所，消费品以藏面、甜茶、肉夹饼为主，也提供各种盖浇饭。台球室则以地方化的游戏规则成为男性休闲娱乐活动的场所；网吧作为牧区县城新兴的消费场所以提供电脑游戏为主，非常受那些80后及90后男性牧民的青睐；朗玛厅则是夜生活的主要公共场所，除了演员的歌唱舞蹈表演，观众可以随着震耳欲聋的

---

① 斯定咔村民常去一家私人诊所。这是一个中年汉族开办的诊所，听T说，来这里就诊的有牧民也有县上的干部。观察了一下，有各种常用药，还有分类的各种中药。在朝东的药柜高处，有一小小的摆设着观音的神龛，没有看清楚，但可以看到供奉的一些东西。显然，这个医生信仰一个神灵。

伴奏声在台上跳锅庄舞。

　　嘉黎县下辖两个镇八个乡[1]。其中阿扎镇的地理范围与县城比邻。阿扎镇的前身为建于 1960 年的阿扎乡，于 1969 年改为阿扎公社，1984 年复乡，后改为现在的阿扎镇，曾用过阿尕、阿咱、阿扎等名。全镇现有 41 个自然村，10 个行政村和 1 个居委会。按照行政村和居委会的分布，各村及居委会均建有村党支部、团支部、妇女组织以及民兵组织。在这些行政村和居委会中，共有党员 355 人。

　　2012 年时全镇人口 2650 人，总户数 537 户，2017 年全镇总人口 3184 人，717 户。2017 年年底的统计数据显示该镇的牲畜存栏总数 11864，其中牦牛 11838 头，6 匹马，20 只山羊。农村经济总收入 4360.5 万元，其中多种经营收入 1455.14 万元，劳务输出 483 人，农牧民人均收入 10161.68 元，现金收入 8027.72 元。截至 2017 年，全镇土地面积 170 万亩，草场可利用面积 152.68 万亩。

　　全镇机关干部职工有 67 名，其中党员 52 名，领导干部 16 名[2]。

　　在该镇管辖的区域中分布有三座寺院，其中两座为格鲁派寺院，另一座为宁玛派寺院。该镇由 41 个自然村组成，分属在十个行政村和一个居民委员会中[3]，S 村是其中离镇最近的一个自然村。

三　S 村

　　S 村（གསེར་སྟེང་ཁ།/gser.steng.kha）藏文中意为坐落在黄金上，此名的取义颇有几分诗意：秋季时分这片草地会开满金灿灿的龙胆花，仿如遍地黄金[4]。公社时期被叫作东风公社（ཤར་རླུང་གུང་ཧྲེ།/shar.rlung.gung.hre）。现在整个村落较为集中地分布在县城环城路的西侧，嘉忠公路（嘉黎—忠义乡）沿线。最初时，S 村距离县城三千米，路经斯定咔镇政府办公楼和措嘎湖，徒步仅需 20 分钟，

---

① 阿扎镇、嘉黎镇，鸽群乡、藏比乡、忠义乡、措多乡、措拉乡、林堤乡、夏玛乡、绒多乡。

② 阿扎镇 2017 年相关数据由阿扎镇政府提供。

③ 斯定咔、阿扎、静莫、巴达、达孜、门门改、索日扣、烟多、赤仓、崔隆 10 个村委会，以及团结新村居委会。

④ གསེར་སྟེང་ཁ་ཞེས་པ་འདི་སྟེང་ཁ་དེ་ན་དབྱར་ཁ་ཆགས་ཚེ་མེ་ཏོག་སེར་པོ་ལྷུག་ལྷུག་སྐྱེ་ཞིང་དེ་ནི་དབྱིག་གསེར་ལྟ་བུའི་ཆགས་ཉིན་ཆེན་ཤུགས་ཆེ་བར་གྱུར་པའི་ཕྱིར་རོ།

驾车约5分钟便可抵达。措嘎湖边，嘉忠公路沿线坐落着村民自己筹资建造的佛塔群，玛尼石环绕佛塔群，外围是转经筒，村中的牧民及路经者常来此转经。从嘉忠公路分离出两条南北走向的柏油路直通村中，抵村落北部环绕而成环村公路。分布在环村公路之内及两侧的多为20世纪80年代始建成的新居，在环村公路之北则是早期的村落地址，居住着部分老户。除居住占地面积，村落所属的草地边界多从历史时期的边界延伸而来，对于村民而言，草地范围并没有具体化的数据，但边界多以山名水名来界定。在自己所属边界范围内的资源，村民具备共享的权利和共同维护的义务。这些共享资源由村民作为放牧牲畜的秋、冬和夏季草场；以及采集虫草、人参果、贝母等的资源地。根据阿扎镇政府办提供的数据，村落范围的土地面积约为171336亩，其中不可利用土地面积约为8566.8亩，作为放牧牲畜的冬季草场约占56209亩，夏季草场约占106560.2亩[①]。

依据2013年驻村工作队的统计数据，S村共有78户，293人[②]。这份统计数据应该包括了那些户口保留在村中，但并不居住在村里的户数和人口。依据这次田野谱系调查期间所得数据，固定居住在村里的户数为56户。因而，本书的田野数据仅来自这55户。传统上，该村以畜牧业为其主要经济方式，饲养牦牛、羊、山羊和马。近几年，虫草已成为该村主要的现金收入资源，除了虫草收入，一些能干的牧户也以跑运输获得不菲的现金收入。药材例如贝母和当归也能获得一些现金收入，但远不及虫草的市场价值。

在对现有村落进行研究之前，人类学强调必须先了解其历史的沿革。因为任何一种关于社会变化、文化变迁的理论都会以历史的研究作为研究现状的切入点。因此，我将对早期S村的村落形态做一阐述，再进入村落现状的图景中。关于S村早期的历史并没有文献记录及考古资料可查询。因而，本土人对其历史记忆的描述便成为进入早期S村落形态的脉络。这些历史记忆，通过对年老牧民的访谈所获得。这些历史记忆的部分描述可能呈碎片化，甚至时间与空间的错位化，以下记录的是几个访谈者均提及和描述到的彼此最

---

① 该数据由阿扎镇政府办提供，2013年。
② 该数据由斯定咔驻村书记丹增曲珍提供，2013年。2017年该村的户数变化不大，有79户，人口数为319人。

为类似的共同信息。

（一）村落的形成

S 村现有的户数由 22 个亲系链组成，这些亲系链一般由主干家庭和从其分离出的几个一代、二代或者三代枝干家庭组成。藏族的骨系记忆可以作为追溯某一亲系最初的发源地，因此，按理论推理，这 22 个亲系链应分属 22 个不同的骨系。但历史记忆所留下的并且能够追溯的父系骨名仅有三个骨系：藏边骨系 No.19、加杰（བསྐྱར་རྒྱུད /bskyar.rgyud）No.2 和 xxNo.4$_{(2)}$ 中的 W。加杰（bskyar.rgyud）这一骨系来自比如域神是那拉赞巴（ནག་ལྷ་འཛམ་ /nag.lha.vdzam.bha），这是洛尖爷爷父辈的域神。洛尖爷爷出生在嘉黎县 S 村，故其域神是帕多（བྲག་རྡོལ /brag.rdol）。其他骨系仅保存了名称的记忆，源流不清：如 No.4$_{(2)}$ 中的 W 的骨系名桑具（སངས་རྒྱུད /sangs.rgyud）；No.1$_{(2)}$ 中的 Q 老奶奶骨系是热西（རག་ཤི /rag shi），据 Q 奶奶的一位儿子介绍这是个高学识者。

20 世纪 50 年代 S 村的牧户有三家，如表 3-1 所示，一户是主干家庭一，也即 No.9$_{(1)}$ 和 No.9$_{(2)}$ 的母亲。No.9$_{(2)}$ 的母亲原是现九村一带的牧户，后移居到阿扎寺附近，并与阿扎寺的税户牧民，No.9$_{(1)}$ 的先父，居住在现玛尼水池的下部一带；一户是居住在现 S 村玛尼水池上部的藏边家，主干家庭二，它形成了其第一代枝干家庭 No.19 和 No.7，也即 No.19$_{(1)}$ 的先父；第三户是 No.19$_{(1)}$ 先父的直系兄弟（或姊妹），其枝干家庭不清。

以上这几户可能是 20 世纪 50 年代 S 村的老户，因承载历史记忆的老者逝去，除了一些片段化的记忆驻留，已很难重构与这些老户相关的历史记忆。S 村落由这样几家老户发展到现在的历史场景，可以分为以下四个时期：

<u>20 世纪 60 年代进入互助小组时期</u>，周围的牧户陆续要求搬到 S 村一带。这个时期迁入 S 村的牧户大部分都是阿扎寺附近的牧户，由这些家庭发展出了 S 村后期的很多枝干家庭。原负责为阿扎寺放牧的两户人家这个时期移居到了 S 村，形成了主干家庭三和主干家庭四；阿扎寺附近一户富裕的牧户并任"如哇"（རུ་བ /ru.ba）头人一职的 L 移居 S 村，形成主干家庭五（No.20）；L 的血缘姊妹可能也在此时迁入 S 村，形成主干家庭六；与 L 的妻子可能有血缘关系的一姊妹也在 S 村落户，形成主干家庭七，其儿延续出第一代枝干家

庭 No.5$_{(3)}$；主干家庭八发展出了 S 村中血缘关系最多的枝干家庭群，这是该主干家庭的三个血缘姊妹各自形成的第一代枝干家庭 No.6，No.8 和 No.21，以及可能与主干家庭五的 L 的妻子有血缘关系的姊妹形成了主干家庭九；原阿扎寺的一位背水女工和来自墨竹工卡的基层干部结合组成了主干家庭十；以及由一位阿扎寺附近的牧女和来自麦迪卡的男性牧民组成的主干家庭十一；除了这些从阿扎寺附近迁来的牧户，也有几个近邻的牧户在这个时期移居到 S 村，并形成后期的多个枝干家庭。当时，居住在牧场一带（现嘉黎县城）的主干家庭十二；从 3 村移居的主干家庭十三。

20 世纪 70 年代进入人民公社时期，陆续又有几家牧户移居到 S 村：从三村搬来的主干家庭十四和主干家庭十五；以及由 2 村搬来的主干家庭十六。

20 世纪 80 年代包产到户早期，迁入了主干家庭十七和十八。

20 世纪 80 年代包产到户晚期，因修建水电站，2 村的两户牧民自愿选择搬迁到 S 村，形成主干家庭十九和二十。

表 3-1　不同时期迁入 S 村的主干家庭及其后期形成的第一代枝干家庭

20 世纪 50 年代老户	
第一代主干家庭	后期形成的第一代枝干家庭
主干家庭一	No.9
主干家庭二	No.19、No.7
20 世纪 60 年代合作小组时期迁来的户	
主干家庭 三	No.4$_{(2)}$
主干家庭 四	No.22
主干家庭 五	No.20
主干家庭 六	No.13
主干家庭 七	No.5$_{(3)}$
主干家庭 八	No.5、No.6（No.6$_{(2)}$ 中 S 的父母）、No.8、No.21
主干家庭 九	No.3
主干家庭 十	No.11
主干家庭 十一	No.14
主干家庭 十二	No.1

主干家庭十三	No.17
20 世纪 70 年代人民公社时期迁来的户	
主干家庭 十四	No.4
主干家庭 十五	No.16、No.2（No.2 中 N 的父亲）
主干家庭 十六	No.6
20 世纪 80 年代包产到户早期迁来的户	
主干家庭 十七	No.2（No.2 中 N 的母亲）
主干家庭 十八	No.15
20 世纪 80 年代包产到户晚期迁来的户	
主干家庭 十九	No.18
主干家庭 二十	No.12

自此，S 村的二十个主干家庭及其枝干家庭组成了现有的村落人口及其文化延续。这些主干家庭与其他主干家庭之间或多或少都具有并形成了亲系关系。这反映着牧区社会中对亲系居住距离远近的强调，一种互惠互助和资源分享的文化延续。

（二）历史沿革

从 S 村户数的发展，以及生产经济方式的变化可以从四个历史时期解读其历史沿革。我们将这四个历史时期分为：20 世纪 50 年代前也即西藏和平解放前；20 世纪 50—60 年代建立互助小组时期；20 世纪 60—70 年代人民公社时期；20 世纪 80 年代包产到户时期到现在。在每个时期我们将从宏观的社会组织、经济结构和社会礼仪三个方面来了解微观社区在宏观社会背景下的变革。

（三）20 世纪 50 年代前

社会组织

同任何历史时期一样，个体家庭是这个时期牧区最基本的社会组织及经济单位。个体家庭结构以扩展家庭模式较为普遍，也即一对夫妻及其孩子，以及这对夫妻中丈夫或者妻子一方的父母组成的家庭单位。这些个体家庭会与几个其他有着亲系关系的个体牧户形成一个"如哇"。这些亲系之间往往会在游牧迁移以及日常的牧业劳作中形成一种互助的社会关系，这是个体牧户所获得的最直接的社会组织归属。这样几个"如哇"一般会有一个负责人来进行日常的管理，但这种管理是较为松散且民主化的。每当部落长召开会议时，更布起到一个传达信息的中介人作用。就如 L 描述说，更布就相当于现在组长，这一职位是每一户轮流承担，几个更布的召集人就是每个部落的部落头人。根据口述资料和文献资料①，中华人民共和国成立前，分布在这一带的应该是阿扎部落，S 村中的 J 是曾经的部落长②。

在嘉黎县，几个这样不同的"如哇"则分属于不同的"茹"(३)。嘉黎县有七个"茹"……"茹"则下属"国瓦"(མགོ་བ/mgo.ba) 管辖。"国瓦"可能相当于"宗"(རྫོང)，"宗"的行政功能归属原西藏地方政府③④，原西藏地方政府会在嘉黎宗派遣一名"僧官"和一名"俗官"担任宗一级最高要职。"宗"则下属"羌基"(བྱང་སྤྱི/byang.spyi) (现在的那曲镇) 管辖。在这一机构组织链中，对于个体的牧户而言，这种归属关系更多地体现在纳税和征税的互动关系中。纳税的对象可能是地方寺院，称之寺属牧户；也可能是原地方政府，称为"德瓦雄"(སྡེ་བ་གཞུང/sde.ba.gzhung) 的户 (原西藏地方政府)，也即官属牧户。属于这些"茹"的牧户每年需要将税费交到"嘉黎宗"(现在的嘉黎镇)，然后由宗机构的负责人集合送到"羌基"。

有的"如哇"则不属于"茹"，而直接隶属于"国瓦"管辖，如 S 村及临近牧户。这些官属牧户会有专门的税官来向其征税。依据口述资料，居住在

---

① "阿扎部落在嘉黎县境内的各部落中户数最少，民族改革前后仅有 15 户，六七十人。"陈庆英主编：《中国藏族部落》，中国藏学出版社 1991 年版，第 548 页。这一数据与与 81 岁的关键访谈者 L 所提供的信息较为接近，"民主改革前，阿扎寺附近大概有 18 户人家"。

② 在访谈 J 的过程中，J 始终没有提到过自己曾经的部落长身份。该信息是通过其他牧民的访谈而获知的。J 对这段历史的隐藏与其"文化大革命"期间可能遭遇过的伤痛不无关系。故而，在此省去其户名代号，以示尊重。

③ 也有学者认为"茹"与"如哇"为同一个概念。

④ "1959 年 3 月西藏上层集团发动武装叛乱后，国务院下令解散原西藏地方政府，由改组后的西藏自治区筹备委员会行使西藏地方政府职权。"参王小彬：《关于西藏民主改革的几点思考》，《中国藏学》，2009 年第 1 期 (总第 85 期)，69 页。

这一带的"德瓦雄"牧户一年需要上交的税折合为五只山羊和六只绵羊。这个时期的 S 村仅有 1 家牧户生活在这一带[1]，这一户应该属于阿扎部落。其所居住及放牧的草场（S 村现在所形成的村落范围）属阿扎寺管辖范围内。阿扎寺距离 S 村仅几千米，如藏区很多地方一样，寺院周围一般都会聚居一些居民。阿扎寺周围也聚居了一些牧户，这些牧户有的为寺院放牧，有的负责取水，作为付出劳役的回报，寺院一般会支付一些食物或其他实物。如后期迁入 S 村的 No.22[(1)] 和 No.4[(2)] 的两位先父都曾是该寺的放牧人。像这些牧户最为常见的支出就是税收和自己日常的各种消费开支。因为没有专门设立的广泛普及文字及文化的教育机构，普通牧户在教育上几乎没有什么支出。寺院作为藏区占统治地位的一种教育形式（周润年，1998）[2]，假设牧户家中有成员入寺为僧，在条件允许的前提下，僧人所属家庭可能需要为其送去日常的消费品。这一开支可视为当时个体牧户在教育上的支出。牧户的就医开支也很低，一是因为系统化的医疗机构并不存在，二是因为传统医生（ཨེམ་ཆི/Emchi）并不会明码标价向患者索取费用。更常见的是患者自己会依据自己的经济能力支付给 Emchi 一定的费用（多是实物）。也有无法支付任何费用的贫穷患者，Emchi 也会为其无偿就诊开药。

经济结构

普通牧户日常的经济生活模式以牲畜产品的自给自足为主，附带采摘可以食用的野菜（约有六种）。同时通过以物易物的交换模式获取本地资源无法提供的其他消费品，虽然以货币为媒介的交换市场也存在，但并不占主导地位。其他资源如虫草、贝母作为藏医的药材仅可能被少量采摘，但没有市场化，也不是物物交换的成品。81 岁的 L 爷爷如此描述道：

> 中华人民共和国成立前，我们的居所就是牦牛帐篷。经济条件比较好的牧户，每年会联合其他牧户参加拖盐换粮交易。我们先去那曲一带与那里的牧民用青稞交换盐巴，然后在每年 8 月左右带上

---

[1] 该户后代已迁到其他村子。

[2] 周润年：《中国藏族寺院教育》，甘肃教育出版社 1998 年版。

盐巴、酥油、奶渣、蕨麻（ཀྲོ་མ།①/gro.ma）去罗翁（ལྷོ་ངོས།②/lho.ngos）方向换粮食。路上需要花一个多月的时间。由于沿途强盗比较多，这样的交易团队最少都由 13—15 头牦牛组成。从农区换来的主要也就三种：豆子、麦子和青稞。一罐觉吗大约可以换两罐青稞。（L，81岁，2013 年录音访谈）

传统劳作

畜牧业是牧民最基本且重要的经济生产方式，牧民从自然界获取最基本消费品的媒介便是饲养的牲畜，这些家畜包括了牦牛、绵羊、山羊和马。传统畜牧业基于其上千年的历史经验形成了一套成熟而系统的劳作方式。不同畜群的分类放牧，幼畜成年畜的分类放牧。按照季节性对草场资源的利用和管理，如一年会搬迁三次，夏天在夏季草场游牧两个月，再到秋季草场放牧一个月，冬天则居住在一个地方的时间较其他季节会长一些。每次草场迁移时，都会按照藏历来决定迁徙日。到了新的居住地，搭好帐篷，要喂桑。帐篷里搭好的灶台要祭灶神。在平常的生活中，要敬畏灶神，不能随便往灶里烧东西，煮牛奶时更不能溢出来溅到灶台上，否则会污染到灶神。帐篷一般会有两个到三个柱，进帐篷靠右边一般是男性入座之处，左边则是女性就坐处。

如 B 爷爷所说，在传统的生活和劳作中，我们有一套精细的解释方法和信仰体系，它丰富着我们牧民的生活，也管理着我们赖以生存的草原。这套体系让我们对大地草原有着一种敬畏和神圣般的爱护。就像我们放牧牛／羊群时，放牧者一定会一直跟随着自己的畜群，就如跟随着自己的孩子。

这种四季轮牧的客观条件之一应该是人畜数量保持在草场承载（或载畜量）的范围之内。草场资源的可供性使不同的"如哇"之间没有明显的草界冲突。换言之，"如哇"之间既没有围栏作为草场边界的分割标志，也没有很明确的草场边界。人口少，轮牧的范围广，使牲畜可以从草地获得足够的食源，

---

① 人参果。
② 南方。

故而也很少需要给牲畜喂食额外的饲料。如 L 回忆说：中华人民共和国成立前，现在的 S 村一带只有零星几户，因为人少，放牧的草场也就用不了多少。

畜产品自消

牧民通过牲畜所获得的畜产品原料，经过其粗加工便为牧民提供了绝大部分日常消费品，或为其提供获得其他非本地资源的交换媒介。牛肉、羊肉一般会煮食，或风干或生食；牛 / 羊奶则会提炼成酥油或加工成酸奶或奶渣。牛绒和牛毛则加工成用以居住的牦牛帐篷，以及绳子；羊毛则一般由女性加工编制成藏袍（ཕྱུ་པ/phyu.pa）和毯子；羊皮则由男子加工做成"罗巴"（སློག་པ/slog.pa）；牛皮则用来加工成传统藏靴子。衣服和鞋子的缝制是一个精细的手工制作过程，因此在某个"如哇"中，会有一些牧人因擅长缝制技术而扮演着裁缝的角色。这对于那些不擅长自己缝制，或者家庭条件好的人家，便会让裁缝师傅来缝制。如 S 村临近的二村 L 家，其父亲便是当年这一带一位全能的裁缝师。这些裁缝的劳力报酬一般是酥油、奶渣或者砖茶和青稞。村里一位长者回忆说：

> 我们牧区，冬季屠宰时间以前和现在都是一样的。以前没有冰箱之类，所以储存肉的方式我们又有一套自己的方法。每一户都会用牛粪临时盖一个专门储放冻肉的小室。屠宰完，要让肉先冻住，然后放在阴凉的储藏肉的牛粪房里，约 1 个月。因为这种牛粪房通风非常好，若就会风干。风干之后就要放到牛皮里，冻起来。需要吃的时候，一点点取。这样能够吃到春季。基本上不会坏。酥油也会用羊肚皮或者牛肚子皮包起来，也是不会坏。

物品交换

以 S 村为例，除了牧民自产的畜产品，获得其他消费品的途径有三种：与农耕地区的粮食交换、在那曲和拉萨的交换、与茶马驮队的交换。

谷物类粮食通过物物交换而得，也即牧民用畜产品和盐巴换取农耕地区的谷物。参与这种交换的一般而言均是男性。每个单独的牧户会有一个壮年男劳力参加，一些没有劳力的家庭则可能请求并且获得亲系的帮助。同属一个或者分属不同"如哇"的人员便会结伴而行。人力徒步路径"尼吾"(ཉེ་བོ/snye.bo)(现在的忠义乡)再去林芝。交换品则用牦牛托运[1]。牦牛驮队带去的交换品包括了：酥油、手工揉好的羊皮、牛皮、肉、羊毛以及准备出售的一些活牲畜以及盐巴，也可能包括从茶马驮队那里换得的砖茶。这段路程来回大概需要一个月。

> 除了畜产品，盐巴会先从那曲交换，再拿去交换粮食。我本人就曾带着牦牛去那曲镇换过盐巴，去那曲的这段行程需十多天。那时，围绕孝登寺周围仅有几个小商铺。我们从那曲买盐巴（用粮食交换，或者用货币购买），这些盐巴除了留一部分自己消费，更多的会拿去交换粮食。那曲一带的粮食不如这边多，这边离贡布近，所以获取粮食较为便利。我记得当时我们去林芝换粮食的交换汇率约为：一个玛卡(མར་ཁལ/mar.khal)=2沃(འབོ/vbo)[2]青稞,(6个vbo的青稞相当于满满一牛皮袋སྒྲོ་བ/sgro.ba); 1个vbo的盐巴=2-3vbo的青稞；一个最好的公牛全肉=24-25vbo青稞，一只上好的整母牛肉=13-14 vbo青稞……一趟交换粮食的行程可能1个月，有时更长，有一次我们去囊县，竟然耽误了3个月，在交换地住了近半个月。因为当时很多农户没有足够的粮食可以交换，有的农户甚至欲用核桃交换我们带去的酥油。(L爷爷录音访谈，2013年)[3]

牧民们换回的最主要粮食就是足够一年消费的青稞，其次是大麦。青稞

---

[1] 中华人民共和国成立前，在靠近定日和尼泊尔一带以绵羊作为运输盐粮交换的运输工具。

[2] mar.khal 指克。西藏重量单位名，每克有二十绿两，重约七市斤；vbo，藏斗。木制铁镶的藏斗，容量单位。张怡荪主编：《藏汉大词典》，民族出版社2015年版，第1422、1975页。

[3] 访谈人所提供的交换汇率信息同那曲政协文史资料比较相符：一个 mar.khal 可以交换 2 vbo 青稞，8vbo 盐可以交换 10 vbo 青稞，6个 mar.khal 动物油脂（羊或者牦牛）可以交换 8 vbo 青稞，一 vbo 觉吗可以交换 2 vbo 青稞，一mar.khal 羊毛可以交换 2 vbo 青稞，母牦牛肉（一只）可交换 10—15 vbo 青稞，犏牛一只可交换 30—40 vbo 青稞。

ཤིང་བོང་ནག་ཆུ་ས་གནས་རིག་གནས་ལོ་རྒྱུས་དཔད་གཞིའི་རྒྱུ་ཆ་ཁོལ་སྒྲིག་ཚན་ཁང་། ：《 ནག་ཆུའི་ས་གནས་རིག་གནས་དཔད་གཞིའི་རྒྱུ་ཆ་བདམས་བསྒྲིགས་འདོན་ཐེང་བཅོ་བརྒྱད་པ 》 བོད་ལྗོངས་མི་དམངས་དཔེ་སྐྲུན་ཁང་། 2010 ལོར་པར་བཏབ། [政协那曲地区文史资料编委会：《那曲地区文史资料选辑第18辑》，西藏人民出版社2010年版]。

和大麦拿回来后会自己磨成糌粑和面粉。青稞也会用来做过年时饮用的青稞酒，一般会酿制约25斤的青稞酒。因为所酿青稞酒很适量，故少有人酗酒。米是鲜见的粮食，很少有驮队会交换米，去贡布时，只有那些经济条件较好的寺院的商队能换得几袋米，但一般都换不到。一些经济条件差的家庭，也会去别人家的田里捡"吞布"（ལྡུམ་བུ/ldum.bu），积攒起来，作为口粮使用。

牧民所持货币不多，但如果条件允许，一些消费品如用来做藏袍的羊羔皮和羊皮，以及布料类、瓷碗类奢侈品会从那曲购买。如 L 回忆说中华人民共和国成立前藏袍外的布料，偶尔会有人过来卖，一块布料需要7—10个藏币。但藏式衬衣在那曲比较难买到，需要托那些去拉萨的人购买。

茶马古道（ཇ་པའི་སྐྱ་ལམ/ja.bavi.skya.lam）刚好路经 S 村，故前往后藏和印度经商的茶骡驮队会路经此地。这些商队没有固定的驻留地点，根据商队自己是否需要购买糌粑、酥油、肉以及交换饲料及休息为主来选择驻留地点。这些商人多来自昌都芒康，也有来自云南将撒当（འཇང་ས་དམ/vjang.sa.dam）的。商队的规模少则有 30 个骡子组成的驮队，多则会有上千个骡子组成的驮队。驮队的数量不能太少，否则可能会遇到强盗，所带物资便会被一抢而空。驮队可能只带很少几匹马用于人骑，因为一批马需要的饲料相当于两只骡子的饲料。在行走过程中，他们会用带来的商品和地方的人换取给骡子喂的饲料。这些商队大部分都会前往印度出售茶叶、粉条、红糖、染色的布料甚至丝绸。据说特别大的商户在印度有自己的商户，中等的商队则是直接交换而归。从印度返回时，则会带来各种麻布、布料糖。从 L 老人的一段回忆可以看出茶马商队是对途经牧区稀缺物资的一种补充途径：

前往后藏和印度去的驮队，路经这里必会在这一带休息。我记得我用酥油换过茶叶，5 斤酥油大概换了 10 条或者 15 条茶叶，每条中有 4 块砖茶。他们带来的这些茶非常好喝，可以熬制 3 次还有茶香味。现在市场上买的茶只能熬制一次，再熬制就没有色泽和味道。我也换过用来加工马鞍装饰以及鞋的皮革材料。这种皮革加工鞣制得非常好，并且有五种颜色，其大小相当于一张羊皮，有的人也说这是山羊皮加工而成。还有加工好的青蛙皮，用来做刀把装饰、马鞍装饰。和这些商队交换时，既可以用我们手中的物品交换他们带来的商品，也可以付货币。这些商队在返程途中，也会在这儿歇息停留。我用酥油换过他们带来的麻质布料和制作好的麻布藏式衬衣。

L 爷爷提到了一段场景"只要村中的一个人和商队人认识，可以看在这个熟人的面上建立延迟债务关系。如果没有什么物品可以当场付给商队，立个字据，可以等商队返程时，甚至第二年再支付。债主无须支付利息费"。这类似于克瑞斯·格里高利（Chris Gregory）提到的"礼—债"关系。

交换礼仪

"如哇"

这些消费品除了用于个体牧户自己消费，还有一部分作为礼物馈赠。日常饮食的分享应该是最经常的给予礼仪，这一礼仪链接着一个"如哇"中每一个个体家庭。这种食物分享在藏历年期间尤为明显，一户家庭一般会邀请同一个"如哇"中的亲系来家中做客，和客人分享食物。分享的食物除了畜产品，还有青稞酒和酥油茶。来做客的人一般不会携带任何礼物。这些前去做客的人馈赠主人的方式是以邀请主人来家中做客，以再一次的食物分享完成回馈。这种食物分享所具有的社会功能就是加强和强化同一个"如哇"中个体家庭之间的亲密感，以建立彼此之间延续着多方位的互助互惠关系。

特定社会场景

用于其他社会场景中的馈赠礼物也常以食物分享为主，回赠礼物一般有"褪"（ཐུད /thud）和酥油。如刚成家的一对夫妻准备另立门户，便会离开各自原有的主干家庭，搬住进新的帐篷。这时这对夫妻及其家人会举行庆典礼仪，但仅会邀请关系好的亲系参加。主人的馈赠方式是食物分享：煮人参果、炸饼子。客人馈赠的方式会带来礼物如"褪"和酥油。这样的个体牧户在为其居住的牦牛帐篷每年换帐篷边时，也会举行"扎索马裤"（སྦྲ་གསོ་མར་ཁུ། /sbra.gso.mar.khu）。这一特定的场景中，主人分享的食物也是特定的：先放上"索瓦"（ཟོ་བ /zo.ba）①，然

---

① 也叫作དར་ཟོ /dar. zo/，འོ་ཟོ /'o. zo/，是挤奶桶里形成的一种固装奶酪，味甜。

后倒入融化的酥油，最上面放上大麦加工的面食品。但仅会邀请平常关系亲密的亲系参加。人去世时，前去看望的人会赠送给亡者家自家生产的用牦牛奶加工的酥油，用以为亡者点酥油灯；经济条件较好的家庭也会给丧者家送去地方货币，一个桑（ষང /srang），甚至 5 个桑（ষང）。[①]

礼物馈赠的社会礼仪使个体的牧户与所属"如哇"，或者跨界于其他"如哇"的牧户维系并建立着社会关系的相连性。这使彼此之间既有着情感的归属感，同时可以在日常的牧业劳作中实施着劳力的互助互惠。

跨区域礼物交换

礼物馈赠的社会礼仪不仅仅局限于地方社区中，送礼者可以将之延伸至任何一个需要维系和建立起社会关系的地域。但因为物品的相对稀缺，对于普通的牧户而言跨区域的礼物馈赠地域性相对单一。如地方的驮队去贡布换取粮食时，个体的牧民会给交换粮食的农民赠送自己带去的奶渣，而回赠所得礼物则是糌粑。很显然，这一跨区域的礼物交换是一种稀缺物资的赠予和接受。

（四）合作社及人民公社

1950 年 1 月建立了中共西藏工作委员会；1952 年 2 月组建了中国人民解放军西藏军区；1956 年 4 月成立了西藏自治区筹备委员会；1959 年 3 月西藏上层集团发动武装叛乱后，国务院下令解散原西藏地方政府，由改组后的西藏自治区筹备委员会行使西藏地方政府职权，协助人民解放军迅速平息叛乱。这时，在西藏实施民主改革的组织机构趋于完备。

1959 年西藏和平解放，随即进行了民主改革，西藏的民主改革彻底结束了旧西藏政教合一的封建农奴制度，使当时占西藏人口 95% 以上的农奴和奴隶打碎枷锁，翻身成为自己的主人，这些翻身农奴分得了属于自己的土地[②]，并享有法律所规定的政治权利[③]。对原来归属于原西藏地方政府[④]、寺院以及特

[①] 一个桑ষང等于 10 个雪阆。

[②] 尤权：《阔步迈进西藏发展的新时代：纪念西藏民主改革 60 周年》. (n.d.). 检索自 http://www.qstheory.cn/dukan/qs/2019-04/01/c_1124302823.htm

[③] 西藏民主改革 50 年 (n.d.)，检索自 http://www.gov.cn/zwgk/2009-03/02/content_1248151.htm。

[④] 张云：《西藏的伟大实践——从执行"十七条协议"到实行民主改革》，《中国边疆史研究》，2015 年 9 月，第 3 期，第 6、8、9、19 页。

权阶层的私有资产进行了重新组合和社会资产的再次分配。代表最广大人民利益的中央人民政府取代了旧的特权政治组织。这一大的政治背景对牧区最直接的影响就是原政治机构的重构、经济生产方式的改变。牧民群体中不再有"官属""寺属"的身份标示，也即解除了牧民对旧政权的税赋义务。属于原西藏地方政府、寺院以及特权阶层的牲畜和草场重新组合、分配给普通牧民。民主改革进行的同时，开始了互助组（1960—1961 年），紧接着进入了人民公社时期（1962—1980 年）。W，70 多岁的他的一段回忆对这段历史提供了一个参考：

> 1956—1957 年的时候，国家送上千名农牧民子女去西安咸阳上学，当时叫作西藏公校、团校。我是那个时候学的汉语。西藏叛乱时，这批学生中，有的作为翻译、有的作为地方干部回到西藏平叛……我当时在这个县的阿扎区工作，我爱人是阿扎区的百姓。我们是这样认识的……刚解放时行政单位叫作"区"，后改成"乡"，后面又改成"镇"……我刚到这里的时候，附近没有定居的牧民，寺院附近也没有人。当时，老百姓都跑了，康区的军队和藏政府的军队路过这一带时，抢和杀，百姓都跑了。我当时是翻译官，就是宣传"我们是为人民服务的，不用害怕"，就这样老乡们又慢慢地回来了。

社会组织

民主改革时期进行了牲畜和草场的再分配。如富裕牧户拥有的草场留一部分给富牧，其余的按照人口来分配给贫穷牧民。那些原来为寺庙放牧的牧人，民主改革期间寺庙的这些牲畜直接分配给了这些牧人。此外，以前有的牧户没有任何牲畜，依靠帮佣来获得日常的食物，这部分人群在民主改革期间分到了牲畜。这是逐步将私有资产归到集体合作经济的阶段。$S_{11(1)}$ 对这段历史回忆道：

> 在旧社会，没有牲畜的牧民只能去那些种有田地的村落，在得到许可的情况下在田地里捡"仁布"（ར་བུ/ram.bu）充饥；有的以乞

讨为生。我母亲和我没有任何牲畜和家当，我们维持生计的来源就是为寺院挑水以换得日常的食物。我母亲去世后，我就和一群孩子到处流浪（泪）。如果没有国家，我这个孤儿，可能尸骨早就干枯了，我至死也不会忘记国家的恩情。解放（中华人民共和国成立）时，国家给那些没有牲畜的牧民分了牲畜，没有帐篷的分了帐篷。我们现在的生活可以说相当于旧社会贵族们的生活。

互助小组一般由10—20个牧户家庭组成。不同于以往建立在亲系上的"如哇"组织，互助组内的这几个家庭之间可能没有任何亲系关系。以S村为例，互助组的形成以一个地方的人口和牲畜多少重组而成。原来住在S村的那户搬到了静穆乡，居住在阿扎寺附近的几户则要求移居到了S村，如$C_{4(1)}$当时赶着50多头牛群及羊搬到了S村。这几户人家组成了两个互助组。也就是从这个时期，S村的户数逐渐增多，在后期逐渐形成了村落。加入互助小组的个体牧户可以基于自愿的方式将自己的牲畜归并到互助小组中。也有牧户可以不加入互助组，如L说他当时没有效仿其他牧户将自己的牛羊归到互助组中。这也可能因为L拥有着多于其他牧户的牲畜数。互助小组是一种建立在个体经济之上的互助形式的组织。这个时期牲畜仍然属于个体，在需要帮助时彼此给予帮助。如A家某天没空去放羊时，属于这个组的B家便会帮助放羊。这种互助无须亲系关系。互助组进行了一年多的时间，便进入了人民公社时期。

人民公社时期，实行生产资料（牲畜和草场）分别归公社、生产大队和生产队三级组织所有，以生产队的集体所有制经济为基础的制度。生产队是人民公社的基本核算单位。每个个体的牧户都需要将原本拥有的牲畜归到集体经济的模式中。牧民则以社员的身份参加集体畜牧生产劳动，按照各人所得劳动工分取得劳动报酬。此外，每两个家庭成员允许留有一只母牦牛用以自用。这个时期，牧民的衣食住行基本都在公社控制之下，公社成为牧民政治、经济、社会生活的实体。每一个牧民被编入一个小组；一定数量的小组编成生产队；生产队之上为大队（大概相当于今日的行政村）；大队之上是人民公社（相等于镇或乡的规模）。国家每年都为每个公社下达生产任务指标，公社将指标逐层下达，畜产品由国家计划及统一收购，牧民所需的消费品则由国家分配，所谓的"统购统销"的制度。所有的生产过程由集体支配，而非个体牧民决定。牧民所得是由工分决定，工分的价值是整队大队减去上缴国家及公社福利开支的平均数 [①]。

经济结构

互助小组期间更多的是劳动力的共享，解决了一部分贫弱家庭劳力不足的现状。这个时期，牲畜所产的畜产品均归个体家庭所有。日常的消费也是在个体家庭中完成。如 $C_{11(1)}$ 回忆道："互助小组时期牲畜及其他财产都是自己的，但劳动时会强调相互的帮助。一户有难，其他家庭给予协助。互助组时期，会给那些帮助放牧的人支付一点报酬。"进入人民公社时期，每一个家庭以入股的方式来加入人民公社，牛羊多的家庭股份就多，同理，牛羊少的家股份就少。在此基础上，所有的畜牧劳作活动以集体畜牧生产的方式来进行。即便如此，具体的牧业生产方式及劳作分类，依旧遵循着个体家庭时期的经验。如分类放牧牛羊、幼畜及成畜；分类加工畜产品；以及延续着畜产品、盐巴与粮食的交换。G 回忆道，"公社时期，社员们会被分工从事不同的牧业劳动。如 A 放牧成年牛群，B 负责放牧成年羊群，C 专门负责放牧小羊羔及小山羊羔，D 则放牧小牛犊等。还会分工负责挤奶、提炼酥油、晒奶渣"。

所有这些畜产品，一部分会分配给社员；一部分则由国家统一收购。分配给社员的时间会按照季度（3 个月）或者半年（བགོ་ཆུང/bgo.chung），或者年底结算来进行（བགོ་ཆེན/bgo.chen）。理论上，分配的标准会参考股份，股份越多的家庭分配到的消费品越多；其次还会参考工分，工分越多分配到的消费品越多。理论上工分的分数满分是 10 分，全劳力以 10 分计算（放牧的好坏；挤奶产值的多少），半劳力、弱劳力则以最低的分数 3 分计算。在 S 村，那些参加盐粮交换及参与放牧的壮劳力得到过 7 分。因为分配时间的间隔性，个体家庭也可以提前支取日常的消费品，预支的这部分会被登记，集体分配时扣掉

---

① 人民公社 (n.d.)，检索自 http://zh.wikipedia.org/wiki/%E4%BA%BA%E6%B0%91%E5%85%AC%E7%A4%BE。

预支的这部分。分配的产品会以人民币来折算，按照实物来分配。分配的产品有：酥油、奶渣、羊毛、羊皮、肉、牛绒、牛粪以及青稞。$C_{4(1)}$ 说公社期间虽然是多劳多得，不劳不得但食物单一而缺乏，"年终时分配的肉仅够几个月，剩下的几个月几乎没有肉可吃。夏天的食物主要就是一些奶制品，自己种的大白菜，还有萝卜"。公社出售这些畜产品所获得的现金则用来购买公社需要的其他消费品。国家统一收购的畜产品如酥油、肉、羊毛、虫草（每斤 7—10元）则在国有商店中实行统一销售。G 对这段时期的回忆折射出个体牧民所持物资的匮乏："我们家有四口人，我们自留的牲畜只有两头母牛，每个人每月有 16 斤口粮（面或者青稞）。但这些粮食到月底就基本不够了。我去放牧时，身上带的食物只有很少的一点糌粑，几把炒好的青稞，偶尔可以带点'他让'（ དར་བ /dar.ba）奶渣汁。我记得干部家里有相对多一点的粮食，尤其是我们吃不到的大米、面和清油。"

国家干部则是定粮，国家干部职工根据劳动强度来定粮。每个人的分配如下：用工资和各种票来购买。干部 30 斤，家属 27 斤，小孩根据年龄大小定粮：5 到 10 斤不等。80% 是细粮（大米、面粉）；20% 是粗粮（青稞、苞谷）；清油（0.5 斤或 1 斤），肉（4—5 斤）和糖（每个人半斤糖）都定量；布和棉花类也是统一定标准：成年人一般是棉花 2 斤，布票 20 尺。在 S 村，当时可以吃到国家口粮的令其他牧民羡慕的有几家：$Z_{5(1)}$ 的丈夫、$C_{11(1)}$ 本人以及 G_{22} 的父亲。

交换礼仪

这个时期，牧民的衣、食、住、行基本都在公社管理之下，而原有的民间习俗被边缘化，故很少出现正式礼仪性质的礼物馈赠。但稀有物品的分享和交换仍然在私有空间（private space）产生。如干部和牧民之间：牧民赠送给干部酸奶和肉，干部则回赠米、半新的衣服和现金。但这些交换都发生在关系极好的人际圈中。S 村中一位经历过人民公社生活的中年牧民 $Z_{1(3)}$ 回忆道：

> 那时候，我最喜欢去 $Z_{5(1)}$ 和 G_{22} 家，因为他们家总有好吃的糌粑和大米。每次去 Z 家，我都能吃到一大坨糌粑，虽然有些陈旧味，

但是非常的香，以至于迷恋上了那种陈旧味。现在我会尽我所能去
多看望已经年老的 Z，也是因为当年的这种恩情。

1983 年 10 月，中共中央、国务院根据《中华人民共和国宪法》中设立乡
政府的规定，发出《关于实行政社分开建立乡政府的通知》："政社分开、建
立乡人民政府，领导本乡的经济、文化和各项社会建设；社队企业成为合作经
济企业；村民委员会成为基层群众性自治组织。"人民公社体制宣告结束，到
1984 年底全国基本完成了撤社改乡的工作。至此，人民公社结束了它的历史
使命①。

（五）责任承包制

1979 年，在中共中央"指导下"，全国农村逐步开展了以家庭联产承包为
主的责任制，即"分田包产到户，自负盈亏"②。责任承包制改变了公社时期以
生产队或者生产大队为单位的生产模式，取消了人民公社吃大锅饭的平均主
义方式，转而以个体家庭为最基本的生产单位。在土地权归国家所有的前提
下，由单个家庭承包国家的土地进行管理、生产和分配，所生产的农产品一部
分出售给国家，余粮则自己消费或者可以自由在市场上出售。1979 年 7 月 15
日中共中央、国务院决定在沿海深圳等地试办经济特区。自此中国的改革开
放正式拉开了序幕。党的十一届三中全会后，西藏也进入了改革开放的新时
期，西藏农牧区迎来了一个新的历史发展时期。

1980 年中央召开第一次西藏工作座谈会，明确提出从西藏的现实情况出
发，以特殊政策让西藏的农牧民休养生息，发展生产，尽快富起来。确定在
西藏农牧区实行家庭联产承包责任制，取消计划经济时期的统购派购，并逐
步放开农牧林副渔和土特产品价格。1984 年中央召开第二次西藏工作座谈会，
确定在坚持土地、草场、森林公有制的前提下，农牧区实行"土地归户使用，
自主经营，长期不变"，在牧区实行"牲畜归户，私有私养，自主经营，长期

---

① 中共中央、国务院关于实行政社分开建立乡政府的通知 (n.d.)，检索自 http://xuewen.cnki.net/
CJFD-GWYB198323001.html。
② 邓小平:《邓小平文选》(第 2 卷)，人民出版社 1994 年版。

不变"的政策[1]。

包产到户时期,S村已经发展到了40多户人家。公社时期集体共有的牲畜,不论老幼,按照每个人4头牲畜,每两个人1只绵羊、1只山羊的标准分给了每一户家庭。如$G_{9(2)}$家四口人共分得16只牦牛。这也决定了,人口多的个体家庭所分得的牲畜多;反之,则相反。

(六)社区变迁

21世纪的S村,经历了60年的变迁,这种变迁既是国家现代化发展的缩影也是村落乡土文化对现代化适应的发展历史。它体现在牧民日常的生活中:人口、居住环境、劳作方式、饮食、服饰及休闲娱乐。

S村从20世纪50年代的3户牧民发展到一个有户口注册有78户的畜牧村落社区。这些牧户的居住结构从牦牛帐篷变迁到了近百平方米石头结构的房子。C_{22}如此描述"现在普通牧户的居住条件甚至比中华人民共和国成立前那些贵族、富户家都好";随着人口的增多,居住结构的改善,大部分牧户在20世纪90年代从斯定咔山坡移居到了斯定咔山坡以南的草坪滩一带,居住带有着东西横向发展的趋势。

传统的畜牧劳作方式已出现了明显的变迁:家庭责任承包制时,每户均养殖有牦牛、羊、山羊及马(部分牧民)。现在,许多牧户不再饲养任何牲畜,这意味着这部分牧民完全不再以牲畜作为其经济生活的生存资源。虫草已成为支撑和保障其所有消费活动的最主要资源;而村中仍旧饲养牲畜的牧户也仅保留牦牛,这部分牧户仅有20户[2],这导致了家畜种类的单一化。对于饲养牦牛的牧户来说,虫草收入依然占据着其经济来源的龙头地位。传统上作为交通工具的马已从牧民的生活场景中消失,取而代之的是轿车、越野车和摩托车。

村民的饮食也趋于多样化。早晨是糌粑、酥油茶;中午一般都会炒上两到三个蔬菜炒肉,几乎所有的家庭都在用电饭煲煮米饭,晚上也会吃菜和米或者面条。如果这家的妇女勤快,桌上还不时摆有自己烙的饼子,烙饼的厨具

---

① 西藏农牧区改革的历程主要成就及经验(n.d.),检索自 http://epaper.chinatibetnews.com/xzrb/html/2009-01/03/content_51653.htm。

② 该数据收集于2013年10月田野期间。

不但有相对传统的煎锅，也有电插式的煎饼锅。虽然饮食的多样化已是每个牧民家庭的方式，但有的牧户对烹饪营养学知识似乎仍停留在以往习惯性的模式中。如访谈者在一牧户家访谈时，看见这家媳妇L将芹菜切断后，直接放入水中如煮肉般煮了近半个小时，访谈者本以为这是喂牲口的饲料。午饭时的一道菜正是这份在开水中煮食已近发黄生硬的芹菜炒肉。对访谈者而言，芹菜的维生素已经不在。

服饰上的变迁以性别和年龄群较为显著。年长的男性在日常的生活中着藏装，其他男性普遍着便装，唯有在重要庆典或是节假日时着藏装。20岁左右年轻男性的打扮以韩版服饰搭配为主，也留有最潮的发型。妇女在日常生活中，会着轻便藏装。年轻女性的打扮趋城市的流行藏族服饰搭配：下身着类似藏装的围裙，上身配以时髦的衬衣或者毛衣，再套一件紧身小马甲。

随着信息化的逐渐普及使得牧区的娱乐方式也在发生着变化：S村的每一家都配备有电视，新闻联播和电视连续剧译制片观看频率最高，懂汉语的年轻牧民则喜欢观看电影频道和选秀类娱乐节目。收音机播放的藏语广播也是最经常的信息获得渠道。座机，尤其是手机在日常生活中已成为重要的通信工具。而对于年轻的牧民，智能手机已不仅仅是通话工具，他们能很娴熟地使用微信聊天工具以及各种手机游戏功能。由于离县城近，S村的牧民在闲暇时间会光顾县城中的藏餐厅，消费甜茶、藏面或者盖浇饭，聊天以休闲为主；年轻的男性牧民则喜欢在网吧玩游戏；台球厅也是这些男性牧民消遣娱乐的主要场所。对一些牧民，夜生活的娱乐则以在朗玛厅观看娱乐节目、跳锅庄舞、消费饮料或者啤酒为主。

畜牧乡土文化在这种变迁中体现着一种重构，然而畜牧社区组织的功能在互惠互助的社会礼仪中延续着。

第四章

社会组织

生命仅从其纯生物角度来看就是一个奇迹

一个秘密

在人性方面

每个人对自己和对他人来说就是一个深不可测的秘密

—— 弗洛姆

人类社会组织最基本的单位由个体家庭组成，藏区畜牧社会也如此。中华人民共和国成立前，藏族畜牧家庭所属的各部落是主要的社会决定单位，例如关于草场使用问题。中华人民共和国成立后，这种决定权由部落组织转变到了国家所属下的"地区"行政单位。与人类学家波特（Potter）[①] 对中华人民共和国成立后中国南方基层社区的调查得出的发现类似，西藏那曲畜牧社会的基层，牧民家庭及其邻里合作关系的功能仍然延续和保持着传统的社会经济及文化功能。

牧民家庭传统方式的特征之一就是亲系关系之间的合作性，这点仍然是牧民社区中社会组织关系最基本的组成部分。个体牧民归属于其血缘家庭，这个家庭又与其主干家庭和其他枝干家庭以及联姻的家庭组成亲系邻里组织（Kin neighbourhoods），从而形成其内在丰富而交错的互惠互助关系[②]。

一　家庭结构

与传统畜牧社区中家庭结构以扩展家庭为主的特色不同，S 村的家庭结构以核心家庭为主，有 38 家，占全村的 70%，而扩展家庭仅有 16 家，占全村的 30%。这是牧区社会变迁的一个特征。经济收入的增加和独立性促使更多的新家庭脱离其主干家庭，而形成核心家庭。这些由三代组成的扩展家庭具有一个普遍的特点：老者与其中一个能够并且愿意操持牧活的子女生活在一起，有 12 户这种家庭因为具备从事畜牧劳动的家庭劳力，故依旧饲养着牦牛，占扩展家庭的 75%。没有饲养牦牛的扩展家庭仅 4 户，占扩展家庭的 25%。而核心家庭中没有饲养牦牛的则占了 71%（27 户），依旧饲养牦牛的仅占 29%（11 户）。扩展家庭饲养牲畜占据更多比例应该与这种结构的家庭中有着家庭劳动力的保障有着直接的关系。同时，家庭中长者对畜牧文化的延续有着文化可持续性的决定因素。如：WNo.4(1 是一扩展家庭的长者，W 和妻子，

---

① 　Potter, Sulamith Heins & Potter, Jack M, *China's Peasants: the Anthropology of A Revolution*, Cambridge: Cambridge University Press,1990.

② 　白玛措:《人类学视野的西藏牧区亲系组织及互惠关系：以西藏那曲为实例》,《中国藏学》2012年第 1 期。

及他们的儿子和上门的儿媳，以及两个学龄前的孙子生活在一起。这家饲养有 50 头牦牛，当问及保留牦牛的原因，W 回答道："牧民如果完全没有牲畜，以后生活会很艰难。而且，牲畜是千年以来牧民的生存方式，牛对我们而言是一种宝。虫草收入虽然来得快，但是光靠虫草，会很不稳定。而且，如果所有的消费品完全通过现金购买，我也不放心。例如，现在市场上出售的肉没有自己家饲养的干净放心。"

这些家庭以其各自的家庭文化理念和经济策略彼此独立但又相互关联地构成着村落的社会组织文化。村中很多扩展家庭既延续着传统的畜牧劳作又融入于变迁中的社会。如 No.16(1)。Q 是这户的女性长者，育有 8 个子女，其中 4 个子女已离开 S 村，在国家机关工作。与 Q 一起生活的是其儿子 N，上门儿媳及三个孙女。Q 着一身藏装，随身戴着喂食牲畜的盐袋。Q 会尽其所能地参与着日常的牧活及家务活。她一年大部分时间会生活在村里，每年冬天也会去拉萨女儿家里住上一阵子。Q 的儿子 N 是位勤快能干的年轻小伙，即兼顾着户外的牧业劳作同时分担着家务活。对自己的母亲 Q 孝敬有加，也很注重子女的教育。和其他同龄的牧民一样，Q 通常穿着一身便装，很少穿藏装。手机是其随身携带的主要通信媒介。偶尔，Q 也会和村里的人去县城的茶馆喝茶吃藏面，聚会聊天，他说他从不去网吧和朗玛厅。N 的妻子来自邻村，年轻漂亮，和许多牧女媳妇一样，承担着多数室内的畜牧劳作如挤牛奶、提炼酥油、酿制酸奶。N 的两个女儿在县里上小学，学龄前的女儿和姐姐们一样喜欢穿漂亮的裙子，看儿童台里播放的动画片。这一家不但和村里的亲戚有着日常的往来，饮食分享，礼物互赠互惠，也和村之外的亲系保持着同样的亲密关系。

核心家庭中不再饲养牲畜的家庭作为多数，如 No.1(2)，这些家庭不再参与日常的畜牧劳作。即便如此，它们在慢慢融入于变迁社会的同时，在每一天的生活中也保留和传承着链接畜牧社会组织文化的重要元素：如礼物的互赠互惠。No.1(2) 是一典型的核心家庭，年近 50 的女主人 C 和她的丈夫 S，以及他们的三个儿子。这家在几年前出售了全部的牦牛，自此经济来源依靠虫草和运输。S 除了冬季的几个月，一年大部分时间都会在外跑运输，对于这家而言，运输收入甚至高于虫草的收入。C 和 S 的两个儿子在山南上高中，最小的儿子正在县里上初中。C 便在家里打理着家中日常的家务，买菜做饭洗衣，炒青稞磨糌粑，收拾邻里给的牛粪。S坦言自己的三个孩子都在上学，孩子们以后不可能再延续牧民的劳作。他们夫妻老了也想和孩子们移居到城里生活。S家虽不再饲养牲畜，但住在村里的邻里亲戚会时常赠送酥油、牛奶、牛粪；S便会回赠从市场购买的水果、糖及其他消费品。

而部分新生代的年轻牧民以无法完全融入传统的牧业劳作生活中，于是徘徊于城镇中，以消费消遣为其生活模式。其中不乏啃老族。ZNo.5(1)是一核心家庭中近70岁的长者，育有10个子女，除了两个儿子外其他子女都已各立门户。和Z住在一起的是其25岁左右的儿子A和21岁左右的儿子B。

> 走进老奶奶Z家，老人家正靠着靠垫睡着了。和我一起走进屋的B叫醒妈妈。与门相对的床上睡着一个人。Z见我，马上起来，非常热情地招呼我坐下，连忙打新的酥油茶，让B从冰柜中拿来一块新的冻肉放在炉子上解冻。我问Z睡着的是不是A，老奶奶点头，并示失望状。A显然被我们的说话声叫醒了，但似乎有些不好意思，一直用被子将头蒙住。Z准备淘米，我到厨房帮忙，A顺势穿衣起床了。起床后，洗了脸，将电视上的藏文频道调到一档娱乐节目中，声音很大。而一边的Z腿脚不便之中在费力地切冻肉。看了会电视，A整理整理自己的衣服，不吭一声就走了。Z有些失望地告诉我，其实我把孩子们都送去学校读书了，A原来学习很好，后来就不念书了。现在，他的生活规律就是半夜回家睡个觉，睡到第二天中午，然后就去县城。听说是在网吧，也不知道在干什么。这么大了还需要老母亲来养活。Z叹息了一声："幸亏有'国家的恩泽'（ དྲིན་ཆེན་རྒྱལ་ཁབ /drin chen.rgyal.khab），这些孩子不干牧活，也能有吃有穿。"（2013年10月14日星期一，田野笔记）

无论何种结构的家庭，他们之间都存在着或近或远的互助互惠关系。那些饲养牲畜的家庭都会生产一定数量的畜产品，这些畜产品一般都会用于自己消费，偶尔用来出售，还有一定数量的畜产品则作为礼物赠送给那些没有家畜的家庭。没有家畜的家庭也会回赠从市场购买的物品，这是村落日常生活的文化常态。这些不同结构的家庭建立和拥有着不同比例的亲系链，而亲系链中及之间的互惠互助关系是畜牧社会最具特色的地方文化之一。

二 亲系链

常住 S 村的 56 户家庭由早期的二十个主干家庭发展而来[①]。如表 4-1 所示，由各主干家庭延伸出了 22 户第一代枝干家庭，30 户第二代枝干家庭，14 户第三代枝干家庭。其中由主干家庭八发展出了 10 户家庭，发展出 6 户的有 2 个主干家庭（二、五），主干家庭十九、十四和十各发展出 5 户和 4 户，发展出 3 户家庭的主干家庭有 7 个（三、十一、十二、十三、十六、十七、二十），发展出 2 户的有 3 个主干家庭（一、九、十五），发展出一户的主干家庭有五个（四、六、七、十一和十八）。这些数据说明了各主干家庭发展出的户数越多其血缘亲系链越广。如果我们把亲系链进一步联系到姻亲关系链，如表 4-2 所示，我们将主干家庭／第一代枝干家庭因联姻而形成的直接或间接或可能性亲系链出现的次数做一统计，则可以发现主干家庭十四在所有这些关系链中出现的次数为 10 次，其次是出现 8 次的主干家庭八，主干家庭三出现了 6 次，出现 5 次的主干家庭有三个（十三、十五、十七），出现 3 次的有五个主干家庭（一、六、七、十二、十六），出现 2 次的有主干家庭有四和十九，出现一次的有四个主干家庭（二、九、十、十八）。

表 4-1　　　　　　　主干家庭及其几代枝干家庭

主干家庭	枝干家庭（血缘亲系链）		
	第一代	第二代	第三代
一	$No.9_{(1)}No.9_{(2)}$		
二	$No.19_{(2)}$	$No.9_{(1)}$ $No.7_{(1)}$	$No.7_{(2)}$ $No.7_{(3)}$ $No.19_{(3)}$
三	$No.2_{(2)}$	$No.4_{(2)}No.10_{(2)}$	
四		$No.22$	

---

① 请参阅附件各主干家庭谱系表。

主干家庭	枝干家庭（血缘亲系链）		
	第一代	第二代	第三代
五	No.20₍₁₎	No.2₍₁₎	No.1₍₃₎No.2₍₂₎ No.20₍₂₎ No.20₍₃₎
六		No.13	
七	No.5₍₃₎		
八	No.6₍₂₎ No.8₍₁₎ No.21	No.5₍₁₎ No.8₍₂₎ No.8₍₃₎ No.9₍₂₎No.10	No.5₍₂₎ No.5₍₃₎
九	No.3₍₁₎ No.3₍₂₎		
十	No.11₍₁₎	No.11₍₂₎No.11₍₃₎ No.11₍₄₎	
十一	No.14₍₁₎	No.14₍₂₎ No.14₍₃₎	
十二	No.1₍₁₎	No.1₍₂₎	No.1₍₃₎
十三	No.17₍₂₎	No.17₍₁₎ No.17₍₃₎	
十四	No.4₍₂₎	No.4₍₁₎	No.4₍₃₎ No.4₍₄₎No.4₍₅₎
十五	No.16₍₁₎	No.16₍₂₎	
十六	No.6₍₁₎	No.6₍₂₎ No.6₍₃₎	
十七	No.2₍₁₎	No.1₍₃₎No.2₍₂₎	
十八	No.15		
十九	No.18₍₁₎	No.18₍₂₎No.18₍₃₎ No.11₍₂₎No.11₍₃₎	
二十	No.12₍₁₎	No.12₍₂₎No.13₍₁₎	

表4-2　　　　主干家庭／第一代枝干家庭及其姻亲关系链

主干家庭	主干家庭／第一代枝干家	直接姻亲关系链	间接姻亲关系链	可能性亲系链
一	No.9	No.8	No.5 No.6 No.10 No.21	

主干家庭	主干家庭 / 第一代枝干家	直接姻亲关系链	间接姻亲关系链	可能性亲系链
二	No.19(2)		No.7	
三	No.2(2)		No.1 No.4 No.10	No.16 No.17
四	No.22		No.4 No.14 No.17	No.20
五	No.20(1)		No.1 No.2	No.5 No.12 No.13
六		No.13		No.16 No.20
七	No.5(3)	No.5	No.6 No.8 No.10 No.21	No.9 No.20
八	No.6(2) No.8(1) No.21	No.6 No.8 No.9 No.10	No.2 No.4 No.18	
九	No. 3(1) No. 3(2)			No. 4 No. 15 No. 16 No. 20
十	No. 11	No. 18		
十一	No. 14(1)		No.4 No.14 No. 17 No. 22	
十二	No. 1(1)		No.2 No.4 No.10	
十三	No.17(2)		No.4 No.10 No.14	No.22
十四	No.4(2)		No.10 No.14 No. 17	
十五	No.16(1)		No.2 No.4 No.10	
十六	No.6(1)		No.2 No.4 No.8 No.9 No.10 No.18	
十七	No.2(1)		No.1 No.4 No.10	No.16 No.17
十八	No.15			No.3

主干家庭	主干家庭/第一代枝干家	直接姻亲关系链	间接姻亲关系链	可能性亲系链
十九	No.18(1)		No.10 No.11 No.16	No.2 No.12
二十	No.12(1)		No.13	No.10 No.18

如果将这两个表的数据结合在图4-1中，我们可以发现，在S村中亲系链（血缘亲系链及姻亲亲系链）分布最广的是占12%的主干家庭八，该主干家庭的第一代枝干家庭由三个血缘姊妹的家庭形成，成为S村中发展户数最多，亲系链分布最广的主干家庭；占11%的主干家庭十四则因第一代枝干家庭的同村联姻而在S村延伸出了广泛亲系链与之有姻亲关系的枝干家庭十一由之占据了8%的亲系分布率；作为早期定居S村的主干家庭五，仅占据7%，不属于占据最多亲系链的主干家庭。原因之一可能是由于合作社及公社期间家中老者"牧主"的身份，可能限制了该家庭同村联姻的概率。其次为占据6%的4个主干家庭（三、十三、十七和十九）；5%的2个主干家庭（二和十五）；占4%的2个主干家庭（十二和十六）；占3%的4个主干家庭（六、七、十和二十）；以及占2%的主干家庭（一、四和九）；在S村亲系链占据比例仅占1%也即覆盖率最小的是主干家庭十八（No.15）。

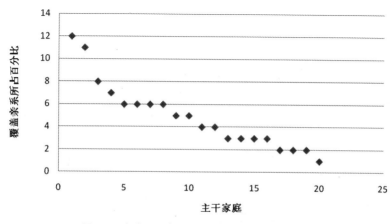

图4-1　各主干家庭在S村覆盖亲系链所占百分比

No.15 中的老奶奶 C 来自嘉黎老镇，是一位养路工人。工作之因，来到 S 村，后育有一女 Q。Q 也获得工人一职，嫁一县干部。就此，C 的第一代枝干家庭没有在 S 村形成血缘抑或联姻亲系链。

当我们将各主干家庭中不在 S 村的亲系链以因婚姻外迁和因工作外迁做一统计，如表 4-3 所示，可以发现这些在 S 村中亲系链覆盖率少或者较少的主干家庭在 S 村之外却有着较广的亲系链。图 4-2 则更加清楚地显示了不同主干家庭在村之外覆盖亲系链所占百分比。村之外亲系链覆盖最广的是占 13% 的主干家庭三，主干家庭十三占 10%，主干家庭六占 8%，占 6% 的主干家庭有四例（四、五、十五和十七），占 5% 的主干家庭有四例（二、八、十四和十九）；占 4% 的主干家庭居多，共有 6 例（七、十、十一、十二、十八和二十）；占 3% 的主干家庭有 2 例（九和十二）；主干家庭一仅占 1%；居于末尾的是占 0% 的主干家庭十六。

表 4-3　　　　　　　　　**村之外各主干家庭亲系链**

主干家庭	因婚姻外迁			因工作外迁			
	嘉黎县	那曲	拉萨	嘉黎县	那曲	拉萨	TAR 其他地方
一	0	0	0	0	1	0	0
二	3	0	0	1	0	0	0
三	5	0	0	3	1	0	1
四	5	0	0	0	0	0	0
五	3	0	0	1	0	1	0
六	1	0	0	2	0	3	0
七	1	0	0	0	1	0	1
八	2	0	0	1	0	1	0
九	1	0	0	1	0	0	0
十	1	0	0	2	0	0	0
十一	2	0	0	1	0	0	0
十二	1	0	0	3	2	0	0
十三	5	0	0	3	0	0	0
十四	2	0	0	2	0	0	0

主干家庭	因婚姻外迁			因工作外迁			
	嘉黎县	那曲	拉萨	嘉黎县	那曲	拉萨	TAR 其他地方
十五	0	0	0	3	0	2	0
十六	0	0	0	0	0	0	0
十七	1	0	0	3	1	0	0
十八	0	0	0	3	0	0	0
十九	1	0	0	2	0	1	0
二十	1	0	0	2	0	0	0

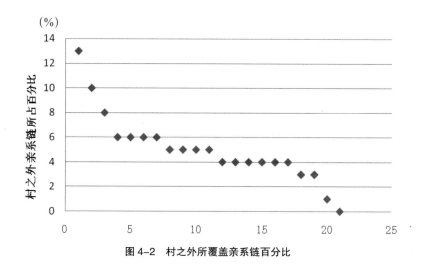

图 4-2　村之外所覆盖亲系链百分比

　　结合以上数据，从图 4-3 中可以比较出各主干家庭在村内亲系链及村外亲系链中所占百分比。由此，可以看出那些在 S 村内分布较广亲系链的主干家庭在村之外拥有相对少的亲系链，这些家庭因村内通婚而形成了较之其他主干家庭多的村内亲系链，如主干家庭十一和十四；那些在 S 村内分布较少亲系链的主干家庭在村之外却分布有相对广泛的亲系链，这些家庭多因村外通婚或家庭成员因工作迁移而将亲系链拓展到了 S 村以外的范围，如主干家庭三和十三。主干家庭八则因村内通婚以及因婚姻迁移和工作迁移的人数均占多数，成为 S 村中亲系链分布最多的主干家庭；在村内及村外均不具有较广亲系链的家庭多是那些从主干家庭到枝干家庭其人口繁衍数低的家庭，如

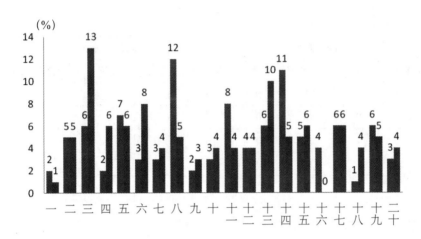

图4-3　各主干家庭村内、村外亲系链百分比

主干家庭一和十八；有些主干家庭从主干家庭到枝干家庭其人口繁衍数多，同时有一定数目的家庭人口数迁移而建立有村外亲系链，在村内村外都建立有较多的亲系链，如主干家庭二、十二、十五以及十七。有的家庭既没有形成很多村内通婚的亲系关系，也没有建立起正式婚姻关系下的村外亲系链（非婚育子家庭），如主干家庭十六。

第五章

资源：共同的、私有的、交换的

荒野保存着世界的希望……

大自然并不发问

也从不回答人类的问难。

她早就有了决断。

只有我们醒过来的那一天，天才开始破晓。

——亨利·梭罗

自然资源是牧民饮食起居的基本来源，牲畜通过草地资源为牧民提供肉及奶制品。草地中生长的其他资源诸如人参果及野菜是牧民可以直接食用的食物资源。而草地资源中生长的药材如贝母、知母和虫草可以通过市场转化成现金收入，其中虫草已成为牧民极为重要的现金来源。

一 草地资源

S村的草地资源没有精确的数据表达，但大致的分布范围（参见下册《田野记》）与游牧生活完全不同，S村的牧民们基本常年定居在现在的村落所在地。即便已经实行了草场责任承包制，但放牧的模式多少沿袭着游牧时期的轮牧方式。他们将所属草场分为冬季草场、夏季草场和秋季草场，按照不同季节分类放牧使用。冬季草场统称为色丁卡（གསེར་སྡེང་ཁ /gser.sdeng.kha），它又细分为放牧牛犊及成年母牛的不同草域。有牲畜的牧户则会在公历4—6月搬迁居住到夏季草场，然后在7—8月游牧到秋季草场。搬到夏秋季草场的牧户一般会搭建牦牛帐篷，有的牧户也搭建简易式帐篷。夏季草场又分为5个不同的草域，霍也（ཧོ་གྱེར /ho.gyer），色顶卡（གསེར་སྒོང་ལྕོག /gser.sgong.lcog），霍也拱撒扎（ཧོ་གྱེར་གོང་གསལ་གྲབ /ho.gyer.gong.gsal.grab），娜倩（སྣར་ཆེན /snar.chen），霍也玛罗（ཧོ་གྱེར་མར་ལོ /ho.gyer.mar.lo）。秋季草场也分为5个不同的草域，央仓嘎（སྤྱང་ཚང་རྒས /spyang.tshang.rgas），杂嘎堂（རྩྭ་བཀག་ཐང /rtswa.bkag.thang），央仓玛固（སྤྱང་ཚང་མར་ཁུག /spyang.tshang.mar.khug），色猛扎（སྲེ་མོང་བྲག /sre.mong.brag），加东阿（རྒྱལ་གདོང་ངར /rgyal.gdong.ngar）。在夏秋季牧场则更明显地表现出传统"如哇"聚居的形式，如亲系链主干家庭八 [No.5₍3₎No.8₍2₎No.9₍2₎] 的几户家庭便会一起搬到夏季草场的色顶卡（སེར་གོང་ལྕོག /gser.sgong.lcog）草域放牧。不同的亲系链一般各自使用不同的草域，而在同一草域的亲属牧户彼此居住的距离很近，这样可以随时给予彼此互助。这种互助除了日常牧业劳作的彼此支持，在不同季节轮牧搬迁期间尤为明显。

当搬迁到秋季草场时，夏季牧场中每一户的简易土灶台会留好，并盖上旧衣服或者塑料布遮雨。那些不用传统牛毛帐篷的牧户转而用活动式帐篷的牧户，活动式帐篷的铁框架会留在夏季草场。由于夏季草场离县城相对较远，故当年会积累好次年需要用的牛粪。居住在夏季草场期间会把周围的湿牛粪加工成牛粪饼，干好的牛粪饼垒成约 1 米高椭圆状，上面盖上塑料布，塑料布之上再加工好一层牛粪，用以第二年夏季时继续使用。（田野村所属各草场的图片、草场名、周围神山的详细标注参阅下册《田野记》）

二　牲畜资源

牲畜资源作为畜牧文化的重要组成部分，在牧民的经济生活及文化情结上都扮演着重要的角色。因草资源的不足，家庭劳动力的紧缺，S 村中已不再有牧户饲养绵羊、山羊及马。而虫草所带来的丰厚利益逐渐取代了以往牲畜资源作为唯一重要经济来源的模式，使很多家庭纷纷出售牦牛，转变为不再与牲畜打交道的牧民。如上文所述，访谈涉及的 54 户家庭中没有保留牦牛的户数占 57%，这一数字还在不断地增加中，饲养牦牛的牧户已逐渐成为少数，仅占 43%。

三　虫草资源

"虫草，在旧社会我们一般是不采挖的，认为采挖虫草，也是屠害生灵，是一种罪孽。不过，偶尔也会有康区的商人来收购些虫草。在人民公社时期，有些人挖虫草，那时的虫草价格大概是一斤 12 元。后来，到了包产到户时期，虫草的价格慢慢上涨，从一斤 500 元涨到一斤 900 元，到后来涨到了一斤 1000 元、4000 元、5000 元，到上万元了。"（L，81 岁）。

村中分布有虫草的区域有六处①。其中离村很近的域神山"帕多"（ བྲག་རྡོལ / brag.rdol）左右两侧也零星分布着一些虫草资源，这块领域属于 7 村。牧民强调，分布在域神处的虫草不会被采挖。

村委会每年会统计每家准备参加采挖虫草的人员数，按照这一花名册，

---

① 为保护 S 村的虫草资源，故不罗列虫草资源区域的具体名称及地点。

在虫草开始长出之际到采挖虫草结束，村委便会在每个虫草区域安排 2 个"防守人"（འབུ་སྲུང /vbu.srung）看护虫草区域，这是为了防止那些非 S 村的人偷挖虫草。安排"防守人"时，那些上学的学生不会被安排，其余每个家庭中所登记的采挖虫草的家庭成员都会被安排担任"防守人"（འབུ་སྲུང）一职。每个成员一般会轮上 6 次，需要从早晨值守到晚上太阳落山。每个成员和谁一起值守以及在哪一块区域值守，都通过抽签来定，彼此之间刻意协调兑换。一旦确定名单，值守人员则必须履行其职责，采挖虫草期间也不例外，否则会被处以一天 500 元的罚款。有的家庭如果恰好在采挖虫草期间轮到值守，则会让那些行动方便但年老的家庭成员完成值守；有的家庭如 No.1$_{(2)}$ 在外乡采挖虫草，家中只有行动不便的老人，这种情况下，No.1$_{(2)}$ 以每天 200 元的费用雇人完成值守任务。一些年老但行动方便的牧民便专门充当着这种收费值守的角色。值守人员值守期间如果有非本村人员采挖虫草，会对值守人员处以一天 1000 元的罚款。

正式采挖虫草的时间约为 45 天，由县乡政府统一安排。这是为了避免抢占资源引起的矛盾和冲突，以公平的方式让牧民在同一天采挖虫草。这期间，家家户户所有能采挖虫草的劳力都会去采挖虫草，每天 7 点开始，约晚上 9 点才回到住处。如恰逢藏历 15 号，出于信仰 S 村的牧民则不会去挖虫草。采挖虫草的数量也因人而异，即便在同一时间、一块区域采挖虫草，有的牧民能看到虫草，有的则看不到。例如，C 较之于其丈夫就能多挖虫草，每天可获得 40 根。采挖好的新鲜虫草有湿度，每天回到住处需要将粘在虫草上的泥土去掉，把表层的皮剥去，然后晒干。这期间，那些饲养牦牛的家庭，没有时间去放牧，便会给牦牛喂食购买来的饲料。

虫草资源带来的利益也避免不了资源属地牧民与外来者之间的冲突。如 N 值守期间就遇到同乡外村牧民前来挖虫草。按 S 村的规定，这些外村人应该交付每人每天 300 元的采挖虫草费。但外村人拒不交虫草费，冲突升级到肢体，N 碰伤外村人。N 不得已支付了外村人 2 万元就诊费。这次事件幸亏发生在采挖虫草即将结束的几天，否则外村人可能还会提出赔偿耽误挖虫草的损失费。

这些采挖来的虫草仅有很少一部分用于自己消费，如 S 村中只有 25% 的家庭提到偶尔会食用极少一部分自家采挖的虫草，而且是虫草中质量较为不好的那几根。No.12$_{(1)}$提到会给患有高血压的母亲定期泡些虫草。No.1$_{(2)}$家的女儿Z，户口属于5村，其老公提到有的家庭会在藏历15日那天给自己家挖虫草的孩子奖赏一点虫草，出售后所得人民币为3000—4000元在当天便会花完。

采挖到的绝大部分虫草都以出售的方式流向市场。出售虫草最常见的方式有两种：一种是在家出售给那些上门收购虫草的中间商或者消费者，另一种是虫草持有者自己拿到那曲或者拉萨出售。

> C的丈夫给S来电话让她准备好午饭，S的汉族朋友会到家里来吃午饭顺便看看虫草。两个带湖南口音的汉族人来到S家中，吃过饭，让S把虫草拿来看看。S从保险柜中拿出几个塑料袋，不同的塑料袋似乎是不同的家庭成员挖到的虫草。因为S对其儿子说"如果他们买得少，就把你挖的那几两卖掉"。S的价格定位在一两7500。年长的汉族买家说自己需要一两，他在那曲的老乡如果中意会买4万元的虫草。他仔细看了看货色，便给那曲的老乡打电话说明价格和虫草的质量。电话那头显然觉得虫草价格偏高，回绝了。他让S给自己称一两虫草。S拿来一个黄色的小称，称过后，将虫草一根一根地数了数，一共有172根。汉族朋友对S说："到那曲再付款。"S和C自语，和这些汉族人熟悉了，他们真的挺好的，付款会非常守信。（2013年10月18日星期五）

四　蕨麻

蕨麻（学名 Potentilla anserina），是蔷薇科委陵菜属的植物，多年生草本。生于海拔1700—4300米的草甸、河漫滩附近，花果期在每年5–9月。蕨麻又称人参果。

它是逢年过节时牧民们必不可缺的食物之一。这一食物的重要性通过文化赋予其象征含义，如在藏语中称之为ﾠ/gro.ma，意为"吉祥食物"。村里的人参果主要分布在夏季和冬季草场。在人参果的市场价值还没有升值期间，对这一资源的采挖可能还没有明显的竞争行为。由于人参果的市场价格不低，如 2012 年的市场价升值到 80 元 / 斤。为了防止个别提前占有共同资源，而对其他村民造成不公的行为，村班子会统一安排时间，牧民们会在同一天一起去自己的草场范围内采挖人参果。如几天前，村里还没有规定好集体统一挖人参果的日期，但就听到牧民们在议论本村的 $S_{2(1)}$ 带着几个非本村人员在挖人参果。听说 S 和其他几个人都被罚款。针对这一情况，村委会商量让各值班小组从 12 点值守到下午 16 点，凡是外来人员在本村草地上挖人参果，每人罚款 100 元。故而也防止非本村人员在村所属的草地上采集人参果。

今天去访谈 $N_{16(1)}$，恰逢 N 要去护林值班。我坐上 N 的摩托车一起往嘉乃玉措湖方向，也即本村的夏季草场之一去值班。同去的还有村里的 3 个人，分别来自不同的三家。快到夏季草场的途中，看见正在挖人参果的人。我们下车，走到这些人面前，向这些人说明不允许在本村的草地上挖人参果，如有挖人参果者必须缴纳罚款金。三个人中 2 女 1 男，说昌都话。男的说他只是开车送这两个女的，自己没有参与，顺势打着电话走到远处自己的车子边，再没过来。两个女的每人手里拿着挖人参果的工具，以及已经挖到的一小袋人参果。我们的值守人员在说明来意时，她们还继续挖。过一会才停下来，说可以交人参果，但不会交罚金。并一再强调这是她们第一次来挖，事先也不知道禁挖的规定。她们不断辩解，毫无交罚金的意思。和这两个妇女在一起的四五个不及 10 岁小孩帮腔式的在一旁嘲笑我们值班人员说话的样子。争执了几乎 40 分钟，这两个妇女说可以让值班人员把村干部叫来评理，便带着小孩径直离开了。N只好给村主任打电话，然而通话期间这些挖人参果的人坐上停在远处的车扬长而去。电话那头的村主任吩咐其中一位值班人员跟随这些人，村主任自己从村里出发会合。剩下的 3 个值班人员则继续往夏季草场出发。下午 3 点左右，N 接到村主任电话，说没有找到这几个挖人参果的人。村委会决定将本村挖人参果的时间提前到明天。

（2013 年 10 月 13 日星期日）

人参果总体分布在三处草域：夏季草场两处和冬季草场。2013年，村委会通知牧民们采挖虫草的地方先从夏季草场开始3天，而后在冬季草场2天。对于这个时间段，采挖人员可以自愿将这一时间灵活缩短或者延长。有劳力的牧户一般都会去采挖人参果，以青壮劳力为主，每户1人至2人不等。因夏季草场分布较为分散，牧户可以自己决定去哪处夏季草场，以及夏季草场的哪片区域。去采挖的牧人每人必备一个小锄头及用来装人参果的袋子，每户会带上各自的午餐，方言称之"杂让"（ཛ་ཟན་ར /vdzav.ra）。到了目的地，各自较为分散地找个采挖点，开始采挖。从采挖的方法而言，牧民们一般会从地表的植被来判断其根茎是否生长有人参果，然后往地表用力将锄具固定在地表深处约50厘米，用力一拉，便可将人参果的地表植被连同其根茎挖出。然后将人参果从土壤中采摘出来，去掉部分细长侧根茎便可装入袋子中。每个人平均一天少则2斤，多则6斤。根据采挖的多少，有的家庭无须第二年购买市场出售的人参果，有的则可能需要购买一些用以补充。

人参果采挖的社会组织方式以亲系链的家庭组织为主，如2013年，与$N_{16(1)}$同去挖人参果的有其血缘妹妹$D_{16(2)}$夫妇，及其妹夫的血缘兄弟$D_{18(3)}$夫妇，及其父系链亲系$M_{2(2)}$夫妇。分享并共同食用各自带来的"杂让"也是在采挖人参果期间体现这种亲系组织的一个特质。C告诉我，去采挖人参果时，"杂让"的分享最常见的形式是在亲系之间。一些情况下也可能包含要好的邻里。如2012年，C去采挖人参果时，同7户人家共享了"杂让"，其中包括C的血缘亲戚及要好的邻里。

从人参果的采挖方式上能体现出牧民对空间及资源的相对共享概念。

和N一同前往其夏季草场དཀར་ཆེན /snar.chen 看牧民们采挖人参果。我们到时，已经有一些牧民在那里挖人参果，得知这些是别村的人。N说，别村的人来他们的草场挖，他们一般不会介意。因为有时本村人也会在邻村草场挖人参果。放好摩托车，N选了一处挖人参果的草坝，几次下来采摘到的并不多。其妹妹D采挖人参果的地方，其采摘的果子颗粒硕大。我便向N推荐去D的区域。N一边自语自己的片区找到果子不多，一边礼貌地应允着。N继续在自己的片区挖了几次，果子还是不多，我继续推荐去 D 的区域。但 N 只是望了望 D 的区域，并没有走到 D 的区域。转而去了另一处。我望了望其他采挖果子的人，彼此之间都保持着一定的空间，没有谁集中在挖果子多的人的草坝上。午饭时分，我们集中到 N 夏季居住的地点，看到附近有几堆牛粪。这是 N 家去年夏天积累好的，用以明年夏天过来时用。此刻，看到那些邻村的人拿走了一些牛粪，N 告诉我，是他允许的，因为彼此之间都会有这种分享。(2013 年 10 月 15 日星期二)

第六章

经济结构

有时，人生真的不如一行波德莱尔

有时，波德莱尔

真不如一碗馄饨

——木心

借用波拉尼对资源分配的三种分类：市场、再分配及互惠（Polanyi, 1945）①。现在，那曲畜牧村落的大量消费物品来自市场，村落自产的资源则通过互惠模式进行再分配。以货币为媒介的市场交换已成为牧民经济生活的主流。这一现象在所调查村落中尤为典型：S 村中那些保留家畜的牧民们，除畜产品外其余日常消费品均购自市场。有一小部分家庭，即便自养家畜，仍通过现金从市场购买牛肉。而那些不再饲养家畜的牧民，其绝大部分的日常消费品均购买自市场。然而，对于 S 村中所有家庭，有一部分资源则在礼物交换和互惠中流动，由此或建立，或强化，或延续村落社会组织的互助机制。

一　收入模式

S 村牧户的收入可分为三大类型：虫草、畜产品以及其他收入。虫草所产生的年现金收入达到 5883900 元，占总收入的 89%，其他收入达 636254 元，占总收入的 9%，畜产品收入有 121225 元，仅占全部收入的 2%。如图 5-1 所示，采挖虫草所获得的现金收入已远远超过了其他两类收入类型，畜产品收入仅作为辅助类收入资源占整体收入的最小部分。其中，畜产品收入只针对那些饲养牦牛的家庭，可分为出售牛肉、牛粪、酸奶和牛奶，以及牛皮的收入。如图 5-2 所示，牛肉的收入为 80900 元，占畜产品总收入的 67%；牛粪的收入为 28900，占 24%；酸奶及牛奶的收入为 6235，牛皮的收入为 5190 元，这两项收入略微近似，分别占 5% 和 4%。其他收入分类中则以不同家庭的情况分为跑运输包车，出售贝母、知母，开饭馆，小卖部的收入，以及出售饲料的收入。如图 5-3 所示，包车跑运输的收入为 243000 元，占第三类收入类型的 38%；工资收入为 220800 元，居其次占 35%。拥有工资收入的是小众群体，因本人或因嫁给国家公职人员而使工资成为其固定的收入之一；开小卖部的受益为 97200 元，占 15%；开饭馆的收入为 30000 元，占 5%；在县城出租台球桌的收入为 24480 元，占 4%；出售药材如贝母和知母的收入为 13000 元，占 2%；低保收入为 4004 元，占 1%；出售青稞草的收入为 3770 元，占第三类

① Polanyi Karl, *Origins of Our Time: The Great Transformation*, Gollancz (first edition 1944), New York: Holt, Rinehart and Winston, 1945.

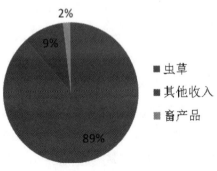

图 5-1　收入类型及所占比重

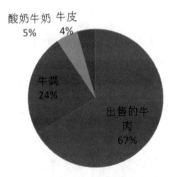

图 5-2　畜产品收入及所占比重

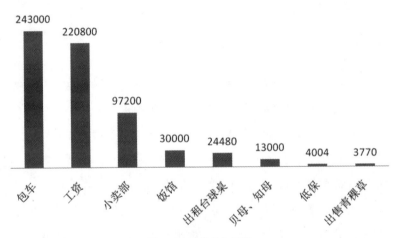

图 5-3　其他收入类别

收入类型最低。有一个家庭则因其亲戚（国家公职人员）定期将工资收入的一部分赠送给该家庭，而使得赠予成为该家庭的固定现金收入之一。非现金流的收入中，则以一种直接的交换形式存在，如没有饲养牦牛的一些家庭会将其种植的青稞饲料同那些饲养有牦牛的家庭进行一年性的直接交换。

二　消费模式

建立在这一收入结构上的消费模式分为六大类型的开支：食物（购买的食物和自己生产的食物）、教育、医疗、取暖、采集虫草以及宗教开支。如图5-4所示，购买食物的开支为2057514元，占各类开支总额的44%。食物开支分为粮食和蔬菜两类，有趣的是购买蔬菜的比例占41%，购买畜类食品占

38%，粮食为 21%。其次为占 17% 的取暖开支，为 768500 元。取暖开支中包括了购买衣服的花费 707600 元、购买牛粪和煤炭的开支 60900 元；教育投入开支 684640 元，占 15%。教育开支指为孩子上学期间支付的各种零碎开支，那些有上大学和高中的学生家庭还包括了学费开支。医疗开支为 492660 元，占 11%。这主要指不包括农村医疗支付范围的自己垫付的相关开支。各类宗教仪礼的开支为 392329.5 元，占 8%。宗教类开支分为颂甘竹尔（ བཀའ་འགྱུར་ཀློག་པ། /bkav.vgyur.klog.pa）、嘎所（ དཀར་བསོད /dkar.bsod）、旺于（ དབང་ཡོན /dbang.yon）、尼姑寺（ ཨ་ནེ་དགོན་པ་བསྐྱར་གསོ /a.ne.dgon.pa.bskyar.gso）、修建佛塔（ མཆོད་རྟེན་བཞེངས་པ /mchod.rten.bzhengs.pa）以及其他零星的宗教仪式类开支；采挖虫草的开支为 228000 元，仅占 5%。采集虫草开支主要指采集虫草期间所花费的食物费、汽车及摩托车加油费，以及去外村采集虫草时所支付的采集虫草人头费。

食物开支分类中，那些自己饲养牦牛的牧户基本上无须从市场购买畜产品，按照市场价格折算，这些牧户消费的自产酥油为 2408810 元，牛肉为 937860 元，牛奶酸奶为 552403 元，奶渣为 105799 元。如图 5-5 所示，自产的食物消费品中酥油所占比例最高为 60%，其次为牦牛肉占 23%，牛奶酸奶占 14%，奶渣占 3%。自产消费品总计为 4004773 元。饲养牦牛相应的开支包括了购买饲料种子、雇人收割饲料，以及修建牲畜棚和购买兽药的开支，折合成现金为 647504 元。

在取暖开支中分列出建造房屋开支一项，分为国家出资和个人出资，全村所有牧户合计建造房屋的总开支为 6210600 元。

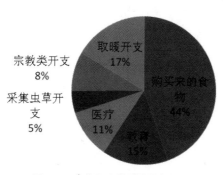

图 5-4　食物开支类型及所占比重

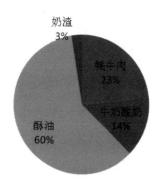

图 5-5　自产畜产品分类及比重

三 经济结构的变迁

普通牧户日常的经济模式从牲畜产品的自给自足为主转变为以货币为媒介的商品市场为主导。如果说以物易物的交换模式在畜牧社区曾经扮演着获取异地资源的重要角色，那么现在这一交换模式已经成为资源交换的边缘模式。

虫草已成为牧民们低成本高收益的现金收入来源，这决定了牧民们所具备的现金购买力。这种购买力确保了牧民以市场购买为主的消费结构。

消费模式的变迁体现在饮食、服饰及消遣几方面，这种变迁已打破了城乡之间的区别。牧民的日常食物以米、面、糌粑及蔬菜为普遍。不仅离县城近的村落如此，邻村也类似。

> 我们驱车15分钟到了邻村，拜访81岁的长者N。N和其73岁的妻子L与儿子、儿媳和孙子住在一起。L蒸了馒头，端上让我们享用。过了一会，L在一个平锅里放了肉末熬煮了约半个小时，加了切好的菠菜，煮了约十几分钟。L一边端给老爷爷N，一边告诉我，"老爷爷不能吃炒菜，但因为喜欢吃蔬菜，所以在肉汤里煮点蔬菜"。过了一会，看到L在炒肉末接着加了一道切好的蔬菜。烹饪约10分钟，放好，让其儿子带着这道菜和一份已经炒好的红萝卜炒肉，送到正在挖人参果的儿媳妇那里。L笑着对我说："现在的牧民如果不吃炒菜，就当是没有正式的饭。不像以前，牧民吃了'嘎让'（指酸奶、奶渣汁）就可以是一顿饭。"（2013年10月17日星期四）

昂贵、时髦、时尚的价值观成为服饰消费的标准。如上述统计数据所示，取暖开支中购买衣服的开支可达到707600元，在衣服类的开支上多以年轻群体为主。如 $L_{18(3)}$ 谈到她们一家四口每年在衣服和鞋类上的开支可以达到40000元。访谈者有些质疑地问："会有这么多吗？"L很确信地答道："我们买衣服不会买很普通的那种。去拉萨时，会去高档的商场买那些最好的衣服。

有的衣服单件都会花上千元。"

休闲娱乐方式已渐渐融入城镇化的模式中,"藏餐厅""网吧"和"舞厅"成为牧民主要的消遣场所。访谈者常在县城的噶玛藏餐馆见到 $L_{19(2)}$ 和其友,桌上摆有几罐可口可乐,小杯酌饮。传统的休闲娱乐方式几近消失。访谈期间,几位 30 多岁的村民聊起他(她)们 20 多岁时,经常会在村里一起跳锅庄舞,对歌。那时还没有通电,年轻人会点起篝火,一直对歌跳舞到凌晨,然后就去放牧。说起这些场景,聊天的几位牧民都显示出留恋。他们不禁感慨在村落中年轻人跳锅庄的年代已逝,取而代之的是年轻牧民去"舞厅"跳锅庄。在县城的一家"舞厅",访谈者看到了很多邻村的牧民来这里消费,不时上舞台跳锅庄舞。坐在卡座中的牧女,着流行的韩版服装,手里不停玩着手机。也有精心打扮,面部粉底致肤色极为白皙,着轻便型藏装的年轻牧女。在近乎于震穿耳膜的音响声中,"舞厅"里座无虚席。和我同去的本地朋友告诉我,"以前,城里有工作的人来这里消费是一种常态。牧民们没有多少现金,偶尔会怯怯地站在门口看着里面,然后离开。现在,牧民来这里消费已不是什么新鲜事。他们大多只会消费饮料,消费起来非常潇洒。饮料一箱一箱地买。来这里消费啤酒的大多是干部职工,但消费力度就不像那些牧民潇洒"。

对于牧民因虫草而产生的收入和消费模式,来 S 村有几年的汉族木匠 Z 和其妻子对我们道出了他们的看法:

因为虫草,这些牧民的生活过得很舒服,虫草收入极好的牧民年收入比那些国家干部不吃不喝十年的收入还要高。而我们这些打工的,一年挣的钱还不如村里一个牧民小孩一个月挖虫草所得的钱。牧民们可以在 1 个月之内轻松地赚到十几万元,甚至上百万元。虫草的收入得来的太轻松、太容易,所以他们花钱也不像我们这样节约。有的牧民有计划,不乱花钱,会把钱存起来为小孩的教育投资,同时为以后在拉萨买房子做准备,不用再当牧民。有的牧民没有计划,赌钱赌注也下得大。有的一年挣下来的钱当年就花完,有的花完了还到处去借。但是,他们有虫草,第二年同样可以挣到钱。不像我们,辛辛苦苦一年下来,第二年能否赚到钱也不是确定的事。

我们如果像他们那样消费，会非常心疼，因为我们的收入都是辛苦钱，一年辛苦下来赚得不容易。（2013年10月6日）

从畜牧生产为其主要且传统的生计方式，自产自足，物物交换到以货币市场为主的生计方式，经济模式的这种转变必然在重构着传统的畜牧文化：从家庭结构到畜牧文化仪式方方面面。然而，在收入消费流中有一部分资源在延续和构建着礼物交换和互惠。通过礼物互惠而构建和延续的亲系关系、邻里及村落的关系仍然显得重要而不可或缺。

第七章

礼物、互惠及社会关系

要学会对"被埋藏的知识"发生兴趣

这些知识之所以被埋藏

乃是由于人们需要堆积那些掩埋物

也就是其他的知识

那些基于种种权利关系

道德需求和真理渴望

而构建起来的知识

——米歇尔·福柯

礼物的分类及其功能体现在其如何被运用到各种社会关系及不同的社会场景中。就之，藏语中有很丰富的关于礼物的词汇，如巴啊（འབག，那曲方言，一般指大人出远门回家时赠予小孩的礼物）。

昂巴（རྩང་པ/gan.pa）卫藏方言，一般是熟人之间非正规赠予的礼物，拉达（ལག་རྟགས/lag.rtags）指出远门归来时赠予亲朋好友的礼品或远方亲戚等所带的礼物。乐吉（ལེགས་སྐྱེས/legs.skyes）指为示谢意而赠送的礼物。吉（སྐྱེས/skyes）指表示诚意、亲近时赠送的礼物[①]。昂吉（གནང་སྐྱེས/gnang.skyes）互相致送的礼品。宗巴（རྫོངས་པ/rdzongs.pa）指给长期或短期离家异居者赠送的物品或指陪奁。例如：派宗（ཕེབས་རྫོང/phebs.rdzong），馈赆[②]，宗达（རྫོངས་སྟ/rdzongs sta），馈仪，吉宗（སྐྱེས་རྫོངས/skyes.rdzongs），馈赆，程仪、嘎宗（སྐལ་རྫོངས/skal. rdzongs），陪奁，迫宗（འབུལ་རྫོངས/vbul.rdzongs）（敬语），赆仪。登（རྟེན/rten）一般指带有某种目的或有所寄托时赠送的礼物。例如：嘉登（སྐྱབས་རྟེན/skyabs.rten），归依礼，加登（མཇལ་རྟེན/mjal.rten），进见礼品，许登（ཞུ་རྟེན/zhu.rten），托请礼品，襄登那益旦（གནང་རྟེན་ནམ་ཡིག་རྟེན/gnang.rten.nam.yig.rten），附函礼物，色巴优旦（གཟིགས་པ་ག་ཡོ་རྟེན/gzigs.pa.g-yo.rten），随函附送的礼物，旦普（རྟེན་འབུལ/rten.vbul）进贡，献礼，普巴（འབུལ་བ/vbul.ba），指进贡物品，重玛（འཁྱོས་མ/vkhyos.ma）（古），指礼物。[③]

人们为什么要交换礼物，是出于某种道义上的义务还是工具性的目的。本书所关注的是礼物如何存在于家庭的收入消费流中，如何在亲系之间表达，又怎样灵活地运用于村落关系构建和延伸的社会关系中，以及赠予和互惠在人与超自然的信仰礼仪中的拓展，对国家场景的构建。在这些不同场景中"礼物"的呈现方式不同，所表达的内涵也不同。

一　礼物与家庭、亲系及邻里

一个家庭的收入及消费流中不可避免地存在着礼物及互惠的社会仪礼。不同于闫云翔在中国北方农耕村庄的调查，西藏畜牧社区中很难找到具体记

---

① 索朗降村著：《藏文词典》，西藏人民出版社 1990 年版，第 706、720 页。
② 馈赆，赠送行资、赠送财物。
③ 张怡荪主编：《藏汉大词典》，民族出版社 2015 年版，第 327、160、1535、1073、1973、2363 页。

录礼单的家庭。但这种赠予和互惠的场景在访谈者的记忆中甚为清晰。有的家庭如 No.6$_{(2)}$ 其现金收入之一来自血缘亲戚的赠予，每年约为 30000 元；有的家庭其教育开支由其亲戚支付，如 G$_{1(1)}$ 的大女儿从小学一年级到小学六年级一直由其在那曲的血缘直系妹妹带着，学费等开支均由妹妹支出。G 则不定期寄去酸奶、肉等畜产品。这是一种便利就学条件的亲系互助互惠。类似的例子，在 S 村有 6 户。A$_{6(2)}$ 除了抚养自己的独生子，也帮着其丈夫的妹妹带孩子。A 描述道："老公的妹妹在 5 村，她的孩子到县城上学住在我家更方便。我会一视同仁，给自己孩子买啥也会给妹妹的孩子买上。他妹妹家平常会送来酥油、酸奶、奶渣。冬宰时还会送来冬宰肉。"

有的家庭其收入来源几乎完全来自血缘亲系链。这种家庭往往是一些没有青壮年劳力的年长牧民家庭形成的核心家庭。这种家庭的形成源自经济收入的自主性使有些年轻的牧民已经不想再附属于扩大家庭的范围中，他们往往另立门户，离开原来的扩大家庭。即便如此，这些家庭经济单位独立的血缘亲系之间仍然存在着互惠互助的社会关系。如 S$_{17(2)}$ 夫妇是一个典型，S 夫妇有 5 个子女，3 个女儿已经另立门户，目前在家的一个女儿也准备很快建房后，自立门户，唯一的儿子在上高中。S 夫妇考虑到家中没有牧业劳动力，于是在 2011年出售了所有的牛，而身体状况和年龄都使他们没有虫草收入。S 夫妇表示，国家支付给他们的低保收入约为 2680 元/年，这是该家庭唯一的独立经济来源。S 夫妇以前有牲畜时肉类和奶制品还无须购买，但没有牲畜就意味着现金的消费开支增多了，如 2012 年其全年的各类开支约有 92412 元，所有这些开支都是由其四个女儿共同承担，包括正在上高中孩子的日常开支。访谈 S 夫妇期间，夫妇俩生病输液，那几天正好住在县城女儿家里。女儿 Z 对夫妇照顾有加，还不时提醒父亲告诉访谈者，以后父母亲的开支都会由几个女儿承担。

家庭中最明显的礼物流发生在食物的赠送和回赠之间，其中亲系之间的礼物赠送与回赠更为常见。G$_{6(2)}$ 是 A$_{21}$ 的血缘妹妹，这天 G 提着盛满牛奶的塑料壶（5 斤）来到 A 家，随手放在了显眼的柜子上。A 的妻子随即为 G 倒上酥油茶，热好肉末汤，将之倒入刚煮好的米饭中，端给 G。G 一边吃饭喝茶，一边与主人寒暄。A 的妻子将 G 带来的牛奶倒入自己的锅中。进到里屋准备了些东西放入饲料袋中。G 走时，A 的妻子将装在塑料袋中的三卷挂面和塑料壶送给 G，G 推脱着，A 的妻子执意让 G 带走自己准备好的礼物。G 最终带着回赠的礼物离开了。同一天，$S_{1(3)}$ 的父系链亲系 $J_{6(2)}$ 带着约 4 斤酥油来到 S 家，随手放在了柜子上，S 的妻子一边招呼 J 坐下，一边分享着刚烙好的饼，摆在桌上的干肉，寒暄片刻，从柜子中取出 100 元送给 J："拿去给你孩子买些糖。"J 推脱着，S 的妻子将钱放在 J 的茶碗边。当送礼者从收礼者那里接受回赠时，都会以一段较为客套和礼节性的语言让自己接受回赠的行为有所过渡。（田野笔记，9 月 24 日）

很多时候，礼物的赠予可能不会即刻发生回赠，但会在需要且一定会发生的时间段以劳力互助给予回赠。$Q_{1(2)}$ 是 C1 的弟媳妇。这天在厨房见到 Q 正在炒两麻袋生青稞，Q 说她从中午 12 点起一直炒到下午 6 点。第二天，她会将这些炒熟的青稞拿去磨制成糌粑。这两袋青稞中一袋是 Q 自己家的，而另一袋则是 C 家的（2013 年 10 月 11 日）。C 与 $J_{8(2)}$ 是姻亲。因 C 没有牲畜，与之要好的邻里会时常让 C 捡取自家牛圈中的湿牛粪。这天上午，C 便得到了 $J_{8(2)}$ 的帮助，J 将 C 院子中早晨捡来的所有湿牛粪分类成小块，每一小块直接在草地上压成扁平状，以易于晒干。完成这一劳作后，J 到 C 的屋子歇息，C 顺便将从那曲买来的保暖裤礼物送给了 J。礼物的馈赠，以日常生活中的劳力互助获得认可和回报。（田野笔记，2013 年 10 月 9 日）

亲系之间的互助方式及程度也可折射出之间关系的亲与疏。$G_{18(2)}$ 来到妹妹 $J_{11(2)}$ 家中，G 一边和 J 的丈夫闲聊，一边含蓄而又玩笑般地对 J 说："我有事有求于你。"但 J 并没有问是什么事。G 继续又和妹夫闲聊，过些许，G 才开口请求妹妹帮助照看其牲畜，因 G 的妻子在拉萨需要住院一段时间。J 并没有回应。G 坐了一会，便离开了。此时，J 才悄声问丈夫"应该答应下来，对吗？"丈夫回应："你自己决定。如果真是生病了，那当然得帮忙。"J 快步走出屋子，对着走出院子的 G 答应了帮助看其牲畜。显然，J 应允得并不是很爽快。过几天后，G 去拉萨，遇到 G 妻的父亲，得知 G 的牛由 J 帮助捡，G 妻子的父亲帮助放牧。

亲系之间的互助成为关系远近的衡量标准。在与访谈者 $Z_{5(1)}$ 核对其亲系关系时，Z 说自己没有同父同母亲戚。访谈后期，Z 提及自己去拉萨看病花了不少钱，当问到在拉萨住在哪里时，Z 才提到自己还有一位同父同母的哥哥，去拉萨期间借宿在自己哥哥家。这位血缘亲戚是位有稳定收入的干部。Z 低声说道："按理，我的情况这样不好，亲戚会帮忙。但我从这位当干部的哥哥那里也得不到什么帮助。"后来和其他村民的聊天中，也得知这位干部哥哥不怎么关照 Z。然而，Z 所提供的空白直系亲系在随后的田野中被完全颠覆。村中的 $S_{6(2)}$ 是 Z 血缘亲戚的弟弟，也是拉萨这位干部的亲弟弟。并且，S 极其感恩在拉萨的这位哥哥如何从物质上给予他源源不断的支援。S 底气十足且有些自豪地说干部哥哥将其一年工资的近一半（S 强调，甚至还要多）都拿来帮助他。很明显，从 Z 与 S 的陈述方式上折射除了亲系之间的互助程度在如何决定着其亲密关系。

亲系的互助在重要的人生礼仪中显得尤为突出，如丧葬。$P_{5(1)}$ 的儿子因故去世，丧事的第一天村中及住在县上的所有直系亲戚都来到 P 家中安慰和帮忙，丧子的父母则深陷悲痛中无暇顾及丧事礼仪的方方面面。这种时候，办理丧事的各种仪式不但由直系亲系主动承担料理，而且村中邻里也都赶来慰藉。访谈者跟随着 C 来到 P 家。C 和丈夫准备了一箱用来点酥油灯的酥油（130元）。进到 P 家，C 发自肺腑地泪如雨下，一边安慰着丧子的父母，一边不断擦拭着自己的泪水。C 的丈夫一边安慰痛哭的父亲，一边悄悄地将 100 元塞入他的口袋。访谈者也将 100 元塞入这位父亲的口袋中。在随后几天的丧事仪式中，P 的直系亲系、姻亲亲系链对 P 家形成了一个核心而不可缺的互助组织。

礼物赠送及回赠发生在每一天的生活场景中，如果把这种场景以一种更为量化的方式展现出来，则可以在 S 村中存在的几个尤为明显的社会礼仪中得到更为具体的展现。

（一）夏秋季草场互助

以亲系链为中心形成的互助互惠方式是畜牧社区的一种特点。如 Ekvall 提到了 20 世纪青海藏族游牧社会的组织形式。几个独立的，彼此具有亲戚关系的家庭一般会形成一个"如廓"（Ru Kor）。几个这样由"如廓"组成的亲系链便形成了一个"如哇"。一个"如哇"可能由几个不同的亲系链组成，也可能仅由同一亲系链组成。属于同一亲系链的家庭一般会居住在靠近彼此的草地，他们共同放牧牲畜，彼此互助。每当夏秋季草场搬迁时节，更能体现这些家庭之间的互助合作关系。它是西藏游牧部落最基本的一个社会政治组织（Ekvall,1939, 1968, 1961；Pematsho, 2011）。

这种以"Ru Wa"为组织形式的亲系互助关系依旧延续且活跃在 S 村那些有畜户之间。每年 4—6 月饲养牲畜的牧户会从定居点搬迁到夏季草场，到了 7 月底从夏季草场迁移到秋季草场直至 8 月底。如表 7-1 所示，夏秋季草场各分成五个不同的草域，每一处草域由几家牧户在期间居住放牧。几家牧户邻近居住，互助互惠的组织形式与上述的 Ru Wa 形式极其类似。这些有畜户在其夏秋季草场各形成了六个 Ru Wa 组织。组成 Ru Wa 的社会关系分为三种：完全由亲系组成的 Ru Wa（夏季草场 2 组，秋季草场 3 组）；由邻里组成的 Ru Wa（夏季草场一组）；由亲系和邻里 Ru Wa（夏秋季草场各 3 组）。这三种 Ru Wa 组织中，从组成的家庭数而言，亲系和邻里的互助互惠形式显得更为庞大。

这种以亲系邻里为组织单位的互助互惠形式也延续在了购买食物中。

（二）购买食物互助

在消费类食品中 S 村的牧户通常会采取一次性从那曲批发采购一年食用的粮食：青稞、大米、面粉和清油。这样会让每一户在这类粮食上的开支少于在嘉黎县城零购的开支。这种情况下同一亲系链（同一主干家庭中的几个枝干家庭）就会组合在一起形成一种互助互惠的组织。这些家庭会共同支付包车的费用，各家则支付自己所需粮食的采购费。如果有的亲系链牧户选择在县城直接购买，或者单独一家从那曲购买，剩下的牧户则可能加入其他亲系链的包车互助中。如表 7-2 所示，共有 14 个主干家庭形成了由亲系链组成 6 个类似于 Ru Wa 的互助组。这些互助组中有的完全由直系血缘亲戚组成，如主干家庭十二、十四；有的则由两个不同的血缘亲戚组成，如主干家庭五、九、三和十五。S 村中亲系链分布最广的主干家庭八则形成了包含血缘家庭户数最多的一组，这一互助组中还包含了其他 4 个不同的主干家庭（一、二、七、十三），这几个家庭与主干家庭八或远或近具有姻亲亲系链。这种由多家牧户组成的庞大互助小组一般以某个主干家庭为核心，附带其他牧户的加入而形成。这些附带的牧户与主干家庭二的情况类似：主干家庭二中共有 6 家牧户，其中 4 家均以自己单独开车或直接从县城购买，剩下的两家牧户 No.7(1)

表 7-1 夏秋季草场搬迁与 Ru Wa 组织

草场名	夏季草场：3 个月（4 月至 6 月）						秋季草场：（7 月底至 8 月底）1 个月					
	ཏྲི་ག་ཡིར་	མེར་གོང་ཚོག	ཏྲི་ག་ཡིར་གོང་གསབས་གྲབ་བསྐྱར་ཆེན་	སྐྱེར་ཆེན་	ཏྲི་ག་ཡིར་མར་ལོ	ཤྱང་ཚོང་ནས་	ཏྲི་བ་གཀ་ལྷང་	ཤྱང་ཚོང་མར་ནས་	སྲེ་ཤོང་ཕུག	རྒྱལ་གཀོང་ཕར་
Ru Wa 数	1	2	3	4	5	6	1	2	3	4	5	6
亲系组成的 Ru Wa			No.5(3) No.8(2) No.9(2)	No.4(1) No.4(2) No.10(1) No.17(1)					No.3(1) No.16(1)	No.20(1) No.20(2)	No.2(2)	
邻里组成的 Ru Wa	No.3(1) No.5(2) No.7(1)											
亲系和邻里组成的 Ru Wa		No.17(3) No.20(1) No.20(2)			No.4(1) No.4(2) No.16(1) No.18(2)	No.2(1) No.2(2) No.6(2) No.8(1) No.19(1)	No.5(2) No.5(3) No.7(1) No.9(2)	No.5(2) No.6(2) No.8(1) No.8(2) No.14(2) No.17(1) No.19(1)				No.2(1) No.4(2) No.10(1) No.14(1) No.18(2)

表 7-2　　　　　　　　　　　　　　　购买粮食与亲系互助

主干家庭	Ru Wa 互助组	共同包车的亲系链
五	1	No.20$_{(1)}$、No.20$_{(2)}$、No.20$_{(3)}$
九		No. 3$_{(1)}$、No. 3$_{(2)}$
十二	2	No. 1$_{(1)}$、No. 1$_{(2)}$、No. 1$_{(3)}$
十四	3	No.4$_{(1)}$、No.4$_{(2)}$、No.4$_{(3)}$
三	4	No.2$_{(2)}$、No.4$_{(2)}$
十五		No.16$_{(1)}$、No.16$_{(2)}$
一	5	No.9$_{(2)}$
二		No.7$_{(1)}$、No.7$_{(3)}$
七		No.5$_{(3)}$
八		No.5$_{(1)}$、No.5$_{(2)}$ No.6$_{(2)}$ No.8$_{(1)}$、No.8$_{(2)}$、No.8$_{(3)}$ No.10$_{(1)}$、No.10$_{(2)}$ No.21
十三		No.17$_{(3)}$
九	6	No. 3$_{(1)}$
十二		No. 14$_{(1)}$、No. 14$_{(2)}$、No. 14$_{(3)}$
十三		No.17$_{(1)}$、No.17$_{(2)}$

主干家庭	单独从那曲购买	从县里购买
一		No.9$_{(1)}$
二	No.19$_{(2)}$	No.7$_{(2)}$、No.9$_{(1)}$、No.19$_{(3)}$
四		No.22
六		No.13
八		No.5$_{(4)}$
十		No.11$_{(1)}$、No.11$_{(2)}$、No. 11$_{(3)}$、No. 11$_{(4)}$
十一		No. 14$_{(3)}$
十六	No.6$_{(2)}$	No.6$_{(1)}$、No.6$_{(3)}$
十八		No.15
十九	No.18$_{(2)}$	No.18$_{(1)}$、No.18$_{(3)}$
二十	No.12$_{(1)}$	No.12$_{(2)}$、No.13$_{(1)}$

和 No.7$_{(3)}$ 选择加入其他亲系链的包车方式，从那曲购买粮食。

没有加入这种互助组的家庭其采购粮食的方式或自己开车单独从那曲购买，或直接从县城购买。一定程度上，这些亲系链也形成了其统一的组织行为方式。

这种亲系邻里之间的互助互惠关系由一系列的日常馈赠、分享及回赠建立起来，就如 Parry 所提出的礼物交换既是资源再分配，同时涵盖了亲系组织的文化功能，这两种因素之间彼此相互影响[①]。

（三）日常的馈赠

在日常的馈赠关系中，最明显的是有畜牧户和无畜牧户之间的礼物互赠互惠关系。这种互惠关系在亲系之间更为频繁和常态化，也时常出现在邻里之间。那些有畜的亲系时常会给无畜的亲系赠予酸奶、牛奶和酥油。如在对无畜户的统计中，有 18 户家庭清楚地描述了他们所收到各自亲系所赠送的酸奶、牛奶和酥油的斤数，这些斤数按照市价折算为 84220 元。有 15 户家庭虽然无法描述收到详细的畜产品礼物的斤数，但确定了收到过各自亲系赠送的酸奶、酥油和牛奶。给这些无畜户赠送礼物的具体户数有 158 家，多为亲系，也有邻里。如表 7-3 所示，无畜户 Z$_{16(3)}$ 每一年除了需要购买 2000 元的酥油，其余所消费的酥油、酸奶和奶渣都是所赠送的礼物。

表 7-3 所收礼物及其市价

	礼物名称	所赠送的斤数折合为市价（元）
Z 的亲系所赠送的礼物	酥油	2100
	酸奶	255
	奶渣	50
Z 丈夫的亲系所赠送的礼物	酥油	2800
	酸奶	2125
	奶渣	100

---

① Parry Jonathan, "The Gift, the Indian Gift and the 'Indian Gift'", *Man*, Vol. 21, No.3, 1986.

在对有畜户的统计中，有 18 户家庭能清楚地描述自己赠送礼物的对象，赠送出去的畜产品折合成市价为 153197 元。有 3 户则表示赠送过，但没有提供具体赠送对象的户数。这些有畜户赠送对象的户数有 71 户，同样以亲系为主，邻里次之。如表 7-4 以有畜户女主人 $C_{5(2)}$ 为访谈对象，该家庭所赠送酸奶的对象以亲系为主：

表 7-4　　　　　　　　　　　酸奶礼物斤数及亲系

	收礼者名字缩写	赠送的斤数
C 的亲系	N	20
	B	5
	Z	5
	BL	30
	ZZ	30
	DZ	5
	DZ	8
	LZ	5
C 丈夫的亲系	B	10
	DJ	5
	ZM	10
	AZ	5
	LS	5
	WP	5
C 女儿的朋友	JN	5

有畜户 $N_{16(1)}$ 每年约有 2000 斤酸奶和奶渣用于礼物赠送，N 提供了更为详细的赠送者与收礼者之间的关系走向（见表 7-5）：

表 7-5　　　　　　　　　　　酸奶礼物及亲系走向

	收礼者名字缩写	收礼者与 N 的关系	收礼者居住地
N 的亲系	D、G、L、S、L、D	N 的血缘直系兄妹	S 村、嘉黎县城、拉萨
	ZX	N 血缘母亲的亲戚	3 村
	DZ		拉萨
	AJ		8 村

	收礼者名字缩写	收礼者与 N 的关系	收礼者居住地
	ZL	N 过世血缘父亲的亲戚	嘉黎县城
	QZ	N 过世血缘父亲的兄弟的妻子	拉萨
N 妻子的亲系	YJ	N 妻子的血缘姊妹	6 村
	YZ		2 村
N 的邻里	DS	N 的要好邻居	S 村
	ZL		

除了日常生活中的食品馈赠，亲系和邻里之间还建立着其他资源的分享、馈赠和互惠。S 村的牧户会用围栏圈起自家的院子，平常不会让牲畜到院子里食草。那些没有牲畜且善于打理的牧户，其院子里的草都较为茂盛。某日，访谈者看到无牲畜的 $C_{1(3)}$ 其院子的围栏内有 30 多只小牛犊在食草。C 说这些牛犊都是那些平常给其赠送酸奶、酥油、奶渣的家庭 $G_{10(1)}$、$Z_{5(1)}$、$N_{8(2)}$、$D_{9(2)}$。这是 C 回赠的方式之一。如 C 自述"虽然我们家不再饲养牦牛，但因为这些'陈千（ཞུགས་ཅན /drin. chen）'亲戚邻里，一年下来我们家几乎都不用购买酸奶牛奶"。这段陈述与其家庭消费的统计数据完全一致。以 2012—2013 年为例，C 所购买来畜产品中，肉类开支为 20000 元，酥油为 50000 元，而在酸奶牛奶奶渣上的开支为 0。在另一种场景中，有畜户和无畜户之间的赠予互惠也可以是工具性的。如 $B_{1(2)}$ 让 $A_{4(2)}$ 使用其饲料地种植饲料，作为回报 $A_{4(2)}$ 会给 $B_{1(2)}$ 提供近一年的牛粪。如图 7-1 所示，无畜户用自家院子里种植的青稞草与有畜户的牛粪建立着或出售，或交换赠送的互惠方式。统计数据反映出交换和赠送的频率多出现在亲系链的范围中。然而，统计数据仅能代表一种现象，这种交换赠予关系时常在亲戚邻里的社会网之间交错重叠，形成着村落内部一套有序的互助互惠的社会机制。

非畜产品的回赠多由市场购买的商品组成：茶、挂面、白糖、糖、帮单（པང་གདན /pang. gdan）（藏式围裙）、水果、瓶装饮料等。如 $C_{1(1)}$ 去拉萨时专门给 $C_{5(2)}$、$J_{8(2)}$、$G_{10(1)}$ 各买了条保暖内裤（2013 年 10 月 8 日）。亲系及邻里之间这种日常的礼物馈赠关系建立起了彼此之间多方位的互助互惠关系。

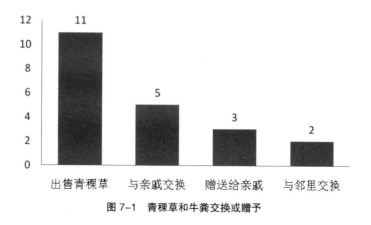

图7-1　青稞草和牛粪交换或赠予

二　礼物与村落关系构建

仪式性场合中的礼物交换对村落关系的构建起着非常重要的作用。如果说日常的非仪式性的礼物馈赠及互惠互助具有一定的随意性，然而仪式性的礼物交换则表达着一定程度的庄重性、公开性及时间上的特定性[①]。在对S村每一户的访谈中，可以归类出以下几种仪式性场景。其中，娶亲及婚礼仪式构建和组成着不同家庭之间的亲系链；藏历新年庆祝仪式期间亲系及邻里的互访显得重要而又不可或缺，而建房后乔迁新居的隆重庆祝仪式作为一种新兴的场景已融入在了畜牧社区的文化场景中。

（一）娶亲及婚礼

娶亲及婚礼庆典通过一系列仪式性的馈赠予回赠来完成。在这一场景中，礼的交换通过娶亲过程发生在联姻的两个家庭之间。紧接着，礼的交换再一次通过婚礼庆典在更广泛的亲系链及整个村落中呈现。在S村，娶亲及婚礼庆典规模的大小似乎与家庭结构有关，但最终形式与主干家庭的经济实力有直接的关联。那些由家长为子女择偶并从外村娶新娘入门进而形成扩大家庭的门户往往伴随着隆重而又正式性的婚礼庆典。如以 $C_{1(1)}$ 为例，C 的媳妇是由其大哥择定并去提亲，并确定 C 夫妇将与其父母共同生活的一门婚事。C 婚礼的娶亲及

①　Van Gennep, *The Rites of Passage*, Chicago: University of Chicago Press, 1960, p.30.

婚礼过程则伴随着一系列礼物交换仪式来完成：

> 迎亲及送亲的人一般由新郎新娘各自的男性长辈家庭成员组成，前去迎娶 C 新娘的是我们大姐的老公，陪同新娘一起过来的是新娘的舅舅和哥哥。我们这边去迎娶新娘时，迎亲的人要带上辫子节、梳子、镜子、一套藏装、一件外套、鞋子、方围巾。新娘收到这些礼物，便会洗漱好着装打扮换上新郎家带来的衣物。新娘出发的时间要按照藏族星象历法来看，以决定迎亲队伍和新娘在上午还是在下午启程。出发时，新娘带上了娘家赠送的嫁妆：七只牛和 1000 元人民币。
>
> 婚礼这天和过新年一样，邀请了男方所有的亲戚和全村的人。新媳妇没来之前，来客都会聚齐。当新娘到达时，有一专门的婚俗仪式说唱艺人进行说唱（ གཞས་པ /gzhas.pa）。新娘没有入座前，新郎要藏起来（现在房子多，可以藏在自己房间里，以前没房子时，据说会藏身在邻居家里）。直至此时，新郎新娘从未谋面。直至婚礼庆典正式开始，新人入座前会铺上白色的毡子垫子，新人便会被安排坐在一起正式接受自家族老者开始至所有来客敬献哈达的祝福。（2013 年 10 月，录音资料整理）

婚礼中所收到的礼物折射着赠礼者与新人一家的社会关系远近：如 $C_{1(1)}$ 的婚庆典礼上，一般社会关系如邻里赠送的礼品有：哈达、一条砖茶、一对热水瓶或者酸奶、酥油以及奶渣。而新郎的血缘亲戚则会给新娘新郎分别赠送较为昂贵的礼品：如 C 的姐姐一家给新娘赠送的礼物有：围裙（ པང་གདན ）、藏装腰带、内衣、方围巾；给新郎专程从那曲购买了一套较为昂贵的西服。C 的大姐 G 给新郎也赠送同样一套专程购自那曲的较为昂贵西服；G 给新娘的礼物为一件外套；C 的姐姐 Y 同样分别赠送了衣服、裤子。那些在机关单位工作的血缘亲戚，则以赠送现金为主。如 C 的姐姐 G 给新郎新娘各自赠送了 500 元。礼物与关系的隐喻在访谈 $N_{16(1)}$ 婚礼时也得到了证实："一般客人会赠送的礼物有：砖茶（30 多条）、一对热水瓶（十多个）；有的客人会送酸奶；那些干部亲戚一般会赠送红包（指现金）。"

婚礼庆典的另一个重要仪式就是食物的分享过程：与 $C_{1(1)}$ 的情况十分类似，$N_{16(1)}$ 描述其婚礼："我们先会给客人端上酥油、人参果、酸奶、油炸饼子，中午时分会准备炒菜和米饭。"

在 S 村，娶亲及婚礼庆典规模较小的则是另立门户而形成的核心家庭。这也伴随着主干家庭对新成立家庭的礼物赠送。以 $C_{1(3)}$ 为例：新婚夫妇都是本村人，自由恋爱，他们并没有隆重的娶亲过程。但婚庆当天颇为隆重邀请了亲戚及全村人参加。作为男方主干家庭的父母送了八大袋粮食，送了藏式柜子，还给了男方 12 只牛的牲畜份额；女方主干家庭的父母给女方和其 1 岁的孩子赠送了 8 只牛的牲畜份额，以及其他一些家具。$No.8_{(2)}$ 也是自由恋爱认识组成的核心家庭。因女方 J 来自外村，故婚礼过程包括了娶亲过程以及类似的礼物馈赠仪式，J 如是描述：

> 我和丈夫是在采挖虫草期间认识的，他来打狗，我们就好上了（笑）。婚事确定后，在我没离开娘家之前，在娘家举行了一次婚礼庆典，这天主要是新娘家的亲戚和娘家村里的人前来祝贺。娶亲那天，我是家里的兄弟送过来的。那时，汽车不普及，马是主要的交通工具。前来娶亲的人专门给我带了一匹马。到了丈夫家，婚庆了一天，丈夫家的老人和村里的人前来祝贺。客人们带来的礼物有的是一盆子米或者一盆子面，有的是一条茶。招待客人的饭有人参果、酸奶，晚饭是肉包子。陪我到夫家的有我的兄弟，他要在我婆家待上一晚上。第二天离开时，婆家给我兄弟准备了干肉、酥油、堆、哈达。3 天后，我带着丈夫回我娘家住了四五天，我们就回婆家了。没有结婚之前，丈夫没有去过我娘家。我结婚时，娘家给我的牲畜份额算上小牛犊共有12 只，这些嫁妆结婚那天我没有带来，是随后几天带过来的。

娶亲及婚礼既是不同亲系链之间社会关系的建立也是村落关系再构建的一次重要社会礼仪，而物的馈赠及回赠在这些关系的构建过程中以不同的文化诠释方式发挥着其重要的媒介作用。

（二）藏历新年

每年一度的藏历新年就如农历的春节一样会作为重要的节庆仪式进行庆祝。而这也是礼物交换以资源分享的方式构建村落关系的重要场合。过年前，S村的每家每户都会和亲系之间、要好的邻里之间进行礼物交换。99%的受访者都能详细回忆起自己收到过的礼物和赠送过的礼物。这种礼物交换多以实物为主，如赠送自产的牛奶、酸奶和酥油，收礼者则回赠市场成品如水果、糖、饼干或者茶。偶尔，畜食品也和畜食品发生交换，市场成品和市场成品发生交换。一般而言，畜食品和市场成品的交换多发生在有畜户和无畜户之间。现金似乎也是这期间作为礼物的媒介之一，如 $D_{10(2)}$ 给弟弟赠送过 1000 元现金作为购买新年衣服的礼品；$M_{20(2)}$ 则收到过干部亲系赠送的 2000 元现金作为新年礼物。

送礼者一般会将礼物的流向均衡地分配在直系亲系和姻亲亲系中。如表 7-6 所示，$C_{5(3)}$ 在藏历年前赠送了一定数量的酸奶作为礼物。赠送对象均匀地分布在了自己的直系亲系和其丈夫的亲系关系中，所赠送的礼物数量也没有区别。显然，借助仪式化情境场合，通过赠送礼物，具有保持和强化亲系链亲密度和互助互惠关系的作用。

表7-6   **赠送出去的礼物与亲系关系**

	收礼者的姓名缩写	所收到礼物的斤数
C 的直系亲系	NN	5
	NK	5
	TJ	5
	GS	5
	拉萨的几个亲戚	15
C 的姻亲亲系	AZ	5
	CJ	5
	WJ	5
	LS	5
	GS	5

这一期间的礼物馈赠关系不仅仅是 S 村内，也包括分布在其他村落的亲系链。表 7-7 所示，$N_{16(1)}$ 赠送酸奶的对象既包括了很多分布在其他村落的亲系也包括了要好的朋友关系。这种通过特定时期的礼物馈赠予居住在远距离的亲系保持往来的方式也体现 $Z_{18(1)}$ 礼物流中。如表 7-8 所示，$R_{12(2)}$ 的亲戚分布在不同的地点，这些外村亲系均在过年期间给 R 赠送了酸奶，R 一一回赠了水果或炒菜油或糖。

藏历年期间，亲系及邻里之间的互访做客最丰盛的内容便是分享琳琅满目的食物。分享的食物既保留了传统畜牧食品如煮好的肉、风干肉、酸奶、奶渣蛋糕等；同时也出现了各种市场成品如饮料、糖、袋装白糖、水果、饼干、衣服、藏式围裙。而现金流的增加使牧民们追求着等同城镇的过年饮食结构：购买新鲜的蔬菜用于过年期间自己炒菜；同时也会从县城的中餐厅直接订购十多种炒好的菜。每一家几乎都会重复这样的食物分享流程，好客慷慨表达着互访做客之间的亲密关系的构建以及延续。除了年近 50 岁的单身汉 $Q_{9(1)}$ 明确表示不大喜欢参与亲系邻里之间的这种互访做客，但即便如此 Q 仍然花了

表 7-7 　　　　　　　 **赠送出去的礼物和其他村落的亲系**

收礼者名字缩写	收礼者与 N 的关系	收礼者居住地
PC	N 母亲的亲戚	3 村
AJ		8 村
GD	N 妻子的亲戚	6 村
ZM	N 过世父亲的亲戚	嘉黎县城
MG	N 母亲的好友	嘉黎县城

表 7-8 　　　　　　　 **收到的礼物和亲系关系**

送礼者名字缩写	送礼者与 R 的关系	送礼者居住地
ZD	R 的妻子的叔叔	2 村
CD	R 的妻子的亲戚	嘉黎县牧场
AD	R 的母亲	林缇乡
ZX	R 的哥哥	嘉黎县县城
ZM	R 的妹妹	夏马乡

1000 元购买一些过年品。而其他所有家庭都确认了藏历新年的参与互动。为此，每一个家庭都会有现金投入，合计 S 村所有家庭的开支达到 509700 元。如图 7-2 所示，53% 的家庭开支在 10000—20000 元。43% 的家庭在 10000 元以下，有 4% 的家庭超过 20000 元以上。

各式各样的整箱饮料成为必备的过年消费品，如图 7-3 所示，购买 40—50 箱的家庭占 24%，20—30 箱的家庭占 60%，购买 20 箱以下的家庭仅占 16%。饮料主要用于招待来客，主人会将每一种饮料摆放在来客前，这成为彰显主人家消费能力、好客慷慨度的一种类似于"夸富宴"式的行为表达。C 如此描述购买饮料的情景："过藏历年时，家家户户会整箱整箱购买各种饮料，绿茶、可乐、健力宝等，很多饮料我们都叫不上名字。只要是市场有的，必定会买上。有时候，小孩会告诉大人，谁谁家有什么新饮料，咱们也去买上。"一部分饮料会进入礼物馈赠流中。

这期间直系亲系和姻亲之间的拜年、互访和做客成为一种默契和必然的仪式，这期间也伴随着要好邻里之间的互访做客。直系亲系的拜年做客一般从年长者所在的家庭开始，按照辈分依次排列。以谱系图 1 为例，主干家庭十二拜年做客的第一天安排在年长的父母家 $No.1_{(2)}$，这期间那些不居住在 S 村的其他子女也回到父母家过年。第二天是长女 G 家 $No.1_{(1)}$，第三天是排行老二的女儿 C 家 $No.1_{(3)}$，之后的两天全部亲戚分别去居住县城的女儿 Y 家和弟弟 C 家做客。直系亲系的拜年互访之后便会去姻亲家，以及要好邻里

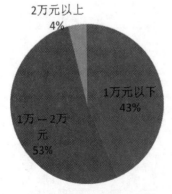

图 7-2　藏历新年的现金花费

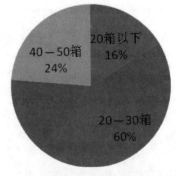

图 7-3　藏历年期间购买整箱饮料的比例

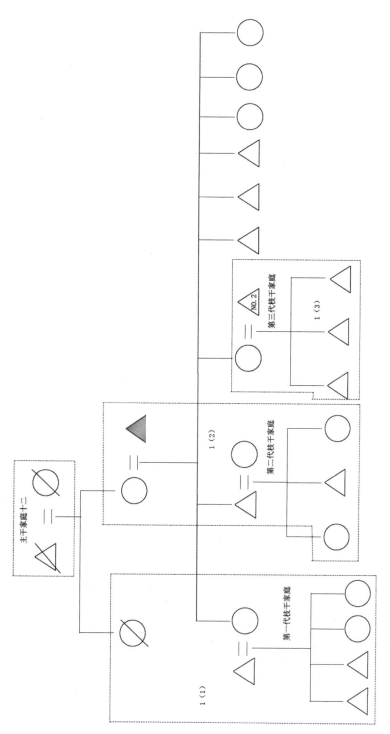

谱系图 1　主干家庭十二谱系图

家。如 No.1$_{(1)}$ 一家在完成 5 天的直系亲系拜年做客后，便去要好邻里 D$_{5(3)}$ 和 Z$_{5(1)}$ 家，随后去其妹妹 C 的姻亲亲系 N$_{2(1)}$ 家。G$_{1(1)}$ 的丈夫 P 来自郭琼乡，路途远，故该家庭缺少了 P 的直系亲系拜年互访。

藏历新年期间的互访做客是亲系链关系的继续维系和强化。如表 7-9 所示，同一主干家庭中直系亲系链的互访一般都安排在新年的头几天。这可以反映出访谈人在 S 村所拥有直系亲系链的范围，同时也能说明该家庭如何通过访谈人的血缘关系强化和构建该家庭的亲系链亲密度。不同于很多以父系权力关系为主的社会，西藏畜牧社会在亲系关系的构架上等同对待父系和母系亲系链的构建。如主干家庭四中的 C$_{4(1)}$ 最先几天去拜访做客的是其妻子 Z 所属的主干家庭十七。母系亲系链的维持和延续对于那些村外婚的家庭尤为明显。如 M$_{20(1)}$ 是外村人，娶了 No.20 家的女儿 A，自立门户生活在 S 村。这家所拜访做客的家庭仅仅是女方 A 在 S 村的直系亲系链，不去 M 在外村的亲戚家。而那些在第一代主干家庭时村内通婚形成的并在 S 村拥有庞大亲系链的家庭，在这期间有着远远多于其他家庭的互访和做客仪式。如谱系图 2 及表 7-9 所示，主干家庭八所形成的家庭 No.5、No.6、No.8、No.9、No.10 和 No.21 在这期间进行着密集而有序的互访，并由此强化着归属这一亲系链的认同感。

（三）乔迁新居

乔迁新居的庆祝是村落关系延续和村落关系再次构建的另一重要仪式场景。在这一场景中，礼物的赠送和食物的分享成为参与者之间关系构建的重要媒介。乔迁新居这种庆祝仪式兴起于 20 世纪 80 年代，在年长牧人的回忆场景中，自这个时期起，牧民手中的现金流逐渐增多，很多家庭逐渐积累建材并开始建新居。如以 N$_{16(1)}$ 家为例：

> 我们家以前住在斯定咔山坡，后来家里条件逐渐好起来，家里人就商量姐姐一家留在老屋，母亲和我们建新房搬到新区。在建房之前，我们用了约 3 个月积累建房的石头，自己砌了 50 块石头，从汉族石匠那里以每块石头 2.5 元的市价买了 5000 块。建房用的木材

表7-9

藏历年期间亲系链的拜年互访

主干家庭	家庭分号	访谈人	天数1	2	3	4	5	6	7	8	9	10	11	12	13	14
1	1	G	1(2)	Ego	1(3)	Y	C	5(3)邻	5(1)邻	2(1)烟						
	2	B	Ego	1(1)	1(3)	Y										
	3	C	1(2)	1(1)	Ego	Y	2(1)烟	2(1)烟	N	10(1)邻	9(2)邻	8(1)亲系	8(2)烟			
2	1	N	2(2)	16(1)	Ego	18(2)烟	4(2)烟	1(3)烟	10(1)烟							
	2	C	Ego	N	2(1)	18(2)烟	1(3)烟	14(1)邻	10(1)	18(2)烟						
3	1	Z	20(1)	20(2)	Ego	3(2)	16(b)亲系									
	2	T	20(1)	20(2)	3(1)	Ego	G	D								
4	1	C	17(1)	17(2)烟	Ego	17(3)	4(5)	14(2)烟	Z	14(2)烟	4(4)	18(3)邻	4(2)	Ego		
	2	A	2(1)	16(1)烟	2(1)烟	18(2)	Ego	16(2)烟	20(1)	20(2)烟	D烟	4(1)	4(5)	J烟	G	Ego
	3	C	去男方5村家过年													
	4	D	17(2)	17(1)	17(1)	4(1)	17(3)	4(5)	14(2)	Z	14(3)烟	Ego	18(2)	4(2)	Ego	
	5	D	17(2)	17(1)	4(1)	17(3)	Ego	14(2)	Z	14(3)烟	4(4)	18(2)	4(2)	22烟	J烟	
5	1	Z	10(1)	6(2)	Ego	9(2)	9(2)	8(3)	8(1)	8(2)	5(2)	21	7(1)	7(3)		
	2	C	10(1)	6(2)	5(3)	5(1)	2(1)	8(3)	8(1)	8(2)	Ego	21	7(2)			
	3	D	10(1)	Ego	5(3)	9(2)	5(1)	8(3)	8(1)	8(2)	5(2)	21	7(1)	7(3)	5(3)	
	4	X	10(1)	6(2)	5(3)	5(1)	9(2)	6(3)	8(1)	8(2)	5(2)	7(1)	8(2)			
6	1	J	Ego	Ego	5(3)	5(1)	9(2)烟	8(3)	8(1)	8(2)	5(2)	21				
	2	S	10(1)	6(2)	5(3)	5(1)	9(2)烟	6(3)	8(1)	8(2)	5(2)					
	3	Z	Ego	Ego	Ego	19(1)	19(2)	19(2)烟	D烟	Z	5(1)烟	8(2)烟	8(1)烟	9(2)烟	5(2)烟	Ego
7	1	L	7(1)	7(2)	5(3)	L烟	19(2)	L	Ego	5(3)烟	5(1)	9(2)	5(1)	5(3)	5(2)烟	8(3)烟
	2	L	7(1)	Ego	7(3)	19(1)	19(2)	G烟	L烟	Z烟	8(1)					
	3	C	7(1)	7(2)	Ego	L烟	Z烟	L烟								

105

主干家庭	家庭分号	访谈人＼天数	1	2	3	4	5	6	7	8	9	10	11	12	13	14
8	1	D	10(1)	6(2)	5(3)	5(1)	9(2)	8(3)	Ego	8(2)	5(2)	21	Y 烟			
8	2	N	10(1)	6(2)	5(3)	9(2)	5(1)	8(3)	8(1)	Ego	5(2)	21				
8	3	B	10(1)	6(2)	5(3)	5(1)	9(2)	Ego	8(1)	8(2)	5(2)	21	7(1) 烟			
9	1	Q	Ego	9(2)			Ego	5(3)	8(1)	8(2)	5(2)	21				
9	2	D	10(1)	6(2)	5(3)	5(1)	8(2)	5(2)	9(2)	8(3)	21	4(2) 烟	18(3)	22 亲系	2(2) 烟	
10	1	G	Ego	6(2)	5(3)	5(1)	8(2)	5(2)	9(2)	8(3)	21	4(2) 烟	18(3)			
10	2	D	住在父母家													
11	2	S	Ego	18(1) 烟	18(2) 烟	18(3) 烟	B 烟	G 烟	11(1)	11(2)	11(3)	11(4)				
11	3	Z	在父母家过年													
11	4	C	11(1)	22 邻	L	11(2)	S	D	T	G						
12	1	N	Ego	12(2)	D	N	S	D	T	G	14(1) 烟					
12	2	D	12(1)	Ego	N	P 烟	Z 烟	C 烟	X 烟	T	G					
13	1	D	在拉萨过年				16(1) 亲系	17(1) 烟								
14	1	D	14(2)	14(1)	17(4) 烟	4(6) 烟	Ego	J	14(3)	4(4) 烟	22 烟	17(1) 烟	17(2) 烟			
14	2	N	Ego	17(1)	4(1)	17(3)	4(6)	14(2) 烟	Z	Ego	4(4)	14(1) 烟	22 烟			
14	3	T	17(2)	Ego	Ego	2(2) 烟	4(2)	20(1) 烟	3(1) 烟	3(2) 烟	14(1) 烟					
15	1	C	Ego	N 烟	Ego	20(2) 烟	20(1) 烟	16(2)	3(1)	2(2)	A	18(1)	18(3)	A		
16	1	Q	16(2)	Ego	2(1)	18(2)	4(2)	16(2)	3(1)	2(2)	A	18(1)	18(3)	A	Y 烟	
16	2	D	Ego	16(2)	2(1)	18(2)	4(2)	16(2)	3(1)	2(2)	A	18(1)	18(3)	A	N 烟	

主干家庭	家庭分号	访谈人＼天数	1	2	3	4	5	6	7	8	9	10	11	12	13	14
17	2	S	$17_{(2)}$	$17_{(1)}$	$4_{(1)}$ 烟	$17_{(3)}$	$14_{(2)}$	J	Z	$14_{(3)}$	D					
	3	J	$17_{(2)}$	$17_{(1)}$	$4_{(1)}$	Ego	$4_{(5)}$	$14_{(2)}$	Z							
18	1	Z	Ego	$18_{(2)}$	B	$18_{(3)}$	$11_{(2)}$	G	Ego							
	2	L	$2_{(2)}$	$18_{(1)}$ 烟	$16_{(1)}$	$2_{(1)}$ 烟	Ego	$10_{(3)}$	$16_{(2)}$	Z	$4_{(6)}$	$4_{(1)}$	$18_{(4)}$ 烟	$11_{(2)}$ 烟	B 烟	$4_{(5)}$
	3	L	$18_{(1)}$	$18_{(3)}$	B	Ego	$11_{(2)}$	G	N 烟	L	D	$16_{(2)}$ 烟	$16_{(1)}$ 烟	L 烟		
19	1	D	Ego	$19_{(2)}$	$7_{(1)}$ 烟	$7_{(3)}$ 烟	$7_{(1)}$ 烟	$19_{(3)}$	L 亲系	$8_{(3)}$ 亲系						
	2	L	$19_{(1)}$	$7_{(1)}$ 烟	$7_{(3)}$ 烟	$7_{(2)}$ 烟	$7_{(1)}$ 烟	G	L 亲系							
	3	A	$19_{(1)}$	$19_{(2)}$	$7_{(1)}$ 烟	Ego	Ego									
20	1	Z	Ego	$20_{(2)}$	$3_{(1)}$	$3_{(2)}$										
	2	A	$20_{(1)}$	$20_{(2)}$	$3_{(1)}$	$3_{(2)}$	$5_{(3)}$	$2_{(2)}$	$4_{(2)}$	$20_{(3)}$	$5_{(2)}$					
	3	L	$20_{(1)}$	$20_{(2)}$	$3_{(1)}$	Ego	$5_{(3)}$	G	$9_{(2)}$ 亲系	J						
21	1	A	$10_{(1)}$	$6_{(1)}$	$5_{(1)}$	$5_{(3)}$	$8_{(1)}$	$8_{(3)}$	C 烟	L 烟	Ego	J 邻				
22	1	G	$11_{(1)}$ 邻	Ego	R 烟	$17_{(1)}$	$17_{(1)}$	$20_{(1)}$ 邻	$14_{(2)}$ 邻	$11_{(2)}$ 邻	$20_{(3)}$ 邻					

注释：

① Ego：表示接待来访做客的主人家；烟：烟亲；亲系：可能的亲系链；邻：要好的邻居。

② 仅英文字母如"R"如 $11_{(1)}$ 表示不居住在S村的亲戚。

③ $17_{(1)}$ 在拉萨和 $11_{(1)}$ 忙于其女儿修建新房，这两户的访谈资料缺失。

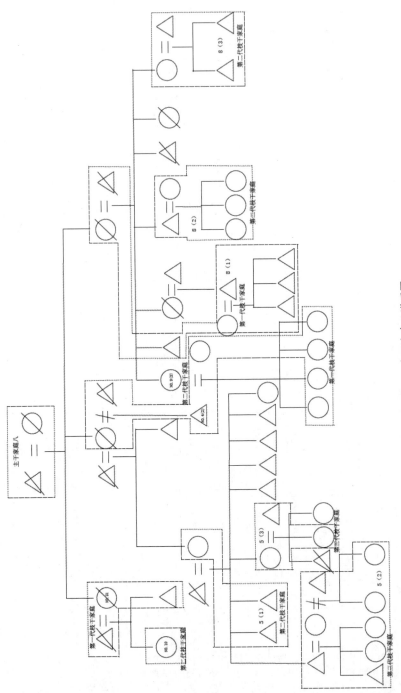

谱系图 2 主干家庭八谱系图

购自拉萨，因为在拉萨可以买到产自贡布的上好木头。

S村的建房过程并没有邻里及村民的参与帮助，而是直接以一种现金与劳动支付的形式完成，这种情况自20世纪90年代开始更为明显。而在那曲的一些村落，建房过程本身就开始着亲戚、邻里和全村人的参与互助以及食物分享的仪式，如那曲镇 Da 村（白玛措，2012）[①]。虽然，S村建房过程中的村落互助已经由市场供需替代，但乔迁新居的庆祝仪式却成为全村人必然参与的一种正式的社会仪式，如以 $C_{1(3)}$ 为例：

> 我们乔迁新居时，要举行正式而隆重的仪式。本村的每家每户都会收到邀请，而亲戚链中除了那些居住在本村的，住在其他村子里的亲戚也会收到邀请。主人要准备并提供用以庆祝的丰盛食物，客人则会带来表示祝贺的礼物。当时，赠送的礼物主要是实物，以赠送砖茶为主也赠送高压锅、水壶或者被套、热水瓶，也有赠送一袋面、一袋米的。当时不大会赠送现金，赠送现金的多以亲戚中有工作有现金收入的亲戚为主，如：男方亲戚的姑姑 H 赠送了 700 元，姑姑 Y 赠送了 1000 元，女方妹妹 G 赠送了 1500 元。住在村里的亲戚则赠送和准备各种食物：如父亲家送了酥油、堆、哈达、酸奶，姐姐 G 送了煮好的肉、堆、酸奶、炸油条，不但如此，住在村里的血缘亲戚会带着这些礼物前来帮忙。丰盛食物的分享是庆祝仪式的一个重要场景：客人来了要端上人参果、酥油、煮好的肉、油炸饼子、酸奶、干果，当时还没有从饭馆点菜的习惯，会自己炒菜，当时炒了 10 个菜，为了照顾到老人，还会专门做一些适合老人肠胃的饭。这一天和过年时的隆重程度一样，客人们有的打藏牌、有的打麻将大概玩到下午 4 点各自就去赶牛了，没有牲畜的则待到晚上 7—8 点。TV 里播放一些佛教的视频或者歌舞视频，大家聚在一起

---

① 白玛措：《人类学视野中的西藏牧区亲系组织及互惠关系：以西藏那曲为实例》，《中国藏学》2012年第 1 期。

乐融融。

现在的庆祝仪式有两种变化：一种是客人多会赠送现金，红包一般都是 100 元，要好的邻里朋友之间 200 元左右，亲戚之间会 300元左右，上不封顶。另一种变化就是菜样种类更为丰富：主人家会从镇上的馆子里点十多个菜，自己再炒十多个菜。

收到的礼物如果实物数目较多，则会在亲戚链以及关系亲密的邻里朋友中以礼物的形式实现资源的再次分配：如 $C_{1(3)}$ 当时收到过为 20 多对热水瓶，$C_{1(3)}$ 告诉我 3 对热水瓶送给了 C 的姐姐 G 的丈夫家，两对送给刚工作的妹妹，给刚工作的弟弟赠送了 1 对热水瓶和 1 个新高压锅。收到的现金往往会在下一次的乔迁新居或其他的庆祝场景中产生回礼仪式。仅以 2013—2014 年参加乔迁新居仪式的统计数据为例，以现金回礼的户数有 28 家，以实物回礼的户数有 15 家，其中现金回礼的 28 家共计回礼现金 8001 元。

（四）探望病人及丧礼

探望病人及丧礼的参与是村落关系构建过程中发挥其社会扶持功能的重要时刻。探望某家的病人或者前去丧家慰问都通过物的赠予表达着社会关系对个体及家庭的重要慰抚作用。如 2013 年 $C_{1(3)}$ 突然住院，出院回到家后，$G_{9(2)}$ 拿着一罐牛奶（约 5 斤）来看望 C。2012—2013 年 S 村用于探望病人赠送的现金累计达到 10060 元，同时附带赠送的酥油折合市价约 2841 元。而一旦出现丧事，村里基本上每一户都会前去慰问。2013 年，$P_{5(3)}$ 不幸丧子，前去慰问的亲戚邻里络绎不绝，都赠予了现金及用于佛事礼仪的酥油。这段时间，丧家可能会获得持续性的探望和抚慰。如 $C_{1(1)}$ 去拉萨看望小孩，回来时专门给丧子的 $P_{5(3)}$ 买了一对陶瓷做的灯（ཏིང་/ting）①。如果恰逢很多牧户分散地居住在夏季草场，当迁移到定居点时也会前去丧家补过慰问。如，$G_{1(3)}$ 家 86 岁的老奶奶去世时，住在冬季草场的邻里都前来慰问看望，带来了酥油并给每个直系亲戚都送了 50 元。其他牧户从夏季草场迁移回来后也都纷纷前来看

---

① རྒྱ་ལས་བཟོས་པའི་ཏིང་།

望。以 2012—2013 年 S 村丧葬仪式的统计为例，所有牧户收到别人赠送来的酥油市价约为 1001 元，收到赠送的现金约为 8250 元；这些牧户赠送出去市价约为 2535 元的酥油，赠送出去的现金约为 8332 元。

反之，丧葬期间的布施多少也能反映出逝者家庭与布施者之间的人际关系，亲系关系显示出布施的额数多，如 $C_{5(2)}$ 是逝者家庭 $G_{1(1)}$ 的姻亲，布施的金额达 1000 元。如果平常完全没有来往也可能不来探望，如 $C_{7(3)}$ 明确表示因为和 G 一家平常没有多少来往，所以没有去探望。

（五）其他场景

村落关系的构建还通过其他的仪式场景获得进一步的延伸和构建，如每年一度的赛马节、八十大寿庆典、生育庆典、升学庆典以及孝敬礼和小孩零花礼。

赛马节

赛马节期间虽然没有正式且明显的礼物赠送及回礼，但这期间的村落关系以一种参与互动的方式构建着村落内关系。这种参与互动方式以市场消费活动为主，如 S 村所访谈的户数其赛马节期间的现金消费额达到 169000 元。多数访谈者表示这期间并没有正式形式的礼物往来，仅有 3 户家庭提到赛马节期间有过酸奶、牛奶的馈赠以及水果、点心的回赠互动。

八十大寿庆典

传统的西藏畜牧社区有为 80 岁老人庆寿的习俗，如白玛措在那曲 D 村调查时，访谈人 L 详细描述过传统畜牧社会只要有老人年达 80 岁，不但老人所在家庭会举行庆寿仪礼，全村的人也都会带着寿礼前来祝福。这是一次正式性的和全村人参与的仪式，也是村落关系再构建重要时刻之一。然而，S 村内 80 岁庆寿仪式似乎仅限于亲系链和要好的邻里圈中，送礼自然扮演着极其重要的关系再构建功能。如田野期间，恰逢 $Z_{20(1)}$ 给其 80 岁的父亲庆寿。Z 描述道："我们村里，我们家可能是第一个为 80 岁长者庆寿的家庭。这次庆寿仅仅是我们家和亲戚内部的一次庆祝，没有邀请很多人前来参加。我们给父亲准备了一套白色棉麻藏式衣裤。受邀的亲戚带了哈达和现金，也有亲戚专门赠送了一套白色棉麻衣裤，亲戚 G 赠送了 1000 元。也有要好的邻里前来献哈达，送现金：GS 送了 100 元，GM 送了 300 元。"

赛马节及 80 岁庆寿两种场景在传统畜牧社会中是一种正式性的社会参与仪式，这两种仪式的社会参与范围在 S 村相对仅局限在亲系圈及要好邻里圈内，这应该与该村落本身的历史沿革及习俗传承有关。20 世纪 50 年代的 S 村仅有 3 家牧户，村落规模初步形成于 60 年代（白玛措，2014）①。60 年代正处于"破除旧有习俗、反传统文化"的一个特殊时期，村落文化的构建和形成在一定程度上是与传统习俗脱节的。

孝敬礼和小孩零花礼

个体老去意味着他／她在资源的获取及构建社会关系的活跃度在逐渐弱化以及边缘化，孝敬观则对这部分人发挥着社会关系的扶持和支撑的重要作用。孝敬的表达发生在家庭内，子女时常给自己或者配偶的父母赠送实物或者现金是孝敬观表达的主要现象之一。S 村的统计数据显示，有 12 家牧户表示会经常赠送肉类食物，10 家表示会赠送酥油，有 22 家表示会经常购买衣物赠送给父母，其中有一家表示每年挖完虫草会给父母赠送市价约为 7000 元的虫草养生。给父母年赠送现金的合计数达 94900 元，其中有 6 家表示会赠送现金，但没有说明具体数目。访谈的这些家庭包括了与父母分开居住生活的家庭，也包括了与父母生活在一起的子女。

孝敬观通过家庭使这些边缘化的个体被纳入社会整体中，并获得生存的资源和融入社会关系的机制中。这些老人也通过一些力所能及的付出分担着一些琐碎的家务和看护孙儿。其中，老人也会不时赠送孙儿或实物或现金。如一年中 S 村老人送给孙儿的零花钱共计约 14009 元。

传统社区中，老人作为经验知识的掌握者，经验知识意味着生存资源的获取，对客观世界概念的解释，故而在家庭及社区内具有很高的威望。而市

---

① 白玛措：《乡土文化之藏区牧民社会组织变迁研究——以西藏那曲嘉黎县为例》，《西藏大学学报》2014 年第 3 期。

场化刺激下的消费主义、信息化所带来的多样化概念构建，对传统社区产生了巨大的冲击。这种冲击则展现在个体案例中。如 S 村中个体家庭 $Z_{5(1)}$ 中子女对孝敬观的不履行：

> "Z 奶奶 70 多岁，两个 20 多岁的儿子和 Z 住在一起。听别人说起 Z 的两个儿子让老人极为费心。今天，我去看望 Z。Z 很无奈地告诉我：我有 10 个孩子，有几个孩子对我挺好，但他们自己有家庭，有他们的生活。剩下的几个孩子，我只希望他们不要进监狱就可以了。回想这些孩子小的时候，我一把屎一把尿地把他们拉扯大，哎……" 听村民 C 说，和 Z 住在一起的两个儿子，其中一个儿子从不把虫草的收入贴补给家里，但吃住都在母亲家。整天游手好闲，不是进网吧就是晃荡在县城里。（2013 年 10 月 14 日星期一，田野笔记）

Z 的案例颠覆了传统畜牧社区理念中的孝敬观，案例中的晚辈对逐渐失去劳力的母亲 Z 并没有给予生存资源的支持，这使 Z 在自己的家庭中进一步被弱化。

生育庆典

S 村的妇女分娩后，并没有正式性的生育庆典。这与汉地农区下岬村的礼俗完全不同（2000：51），妇女生育后表达慰问和庆贺的社会圈子以亲戚圈为主。礼的赠送在这一非正式化的慰问和庆贺过程中扮演着重要的媒介作用。送礼者一般会给分娩的母亲买一份礼物，给新生婴儿另外赠送一份礼物。如 $S_{1(3)}$ 探望其弟媳妇 Q 时，给 Q 买了一件外套，并专门从超市给孩子购置了一套新生婴儿套件。$S_{1(3)}$ 的要好邻里 C 和 L 家有新生儿出生时，她也前去看望过。但，$S_{1(3)}$ 强调，妇女生育这种事并不是一件全村人都会一一参与的正式事件。这种习俗的非仪式化应该与传统游牧文化的迁移性和分散性不无关系。这点也从 2013 年访谈各户时的统计数据可以得到证实。如生育期间赠送出的实物有 4 件，赠送出的现金有 1200 元，收到的礼物有 3 件。被访谈人在谈及生育期间的礼物赠出及接受礼物时，信息颇为模糊也没有系统性的描述场景。

升学庆典

升学庆典是一新兴的外来式的庆典仪式。这一庆典一般是为那些通过高考考上某一大学的学生而举办的庆典仪式。这是一种借用外来仪式进一步拓展和强化村落关系的典型。$G_{18(2)}$告诉我："举办庆典仪式的会发来正式的请柬，只有收到这种正式的请柬，客人会包红包（当地村民也称直接借用汉语'红包'意指所赠送的现金礼）。如果没有收到这种正式的请柬，只是收到口头邀请，带去的礼品则象征性地给孩子一点钱，也可能会给主人家送酥油、砖茶等礼品。"办庆典的家庭自然是孩子所属的家庭，邀请亲戚邻里，分享食物。被正式邀请的客人会备好哈达和红包。$Z_{20(1)}$描述其为女儿举办的升学庆典："收到录取通知书后，我们家就决定升学庆典仪式的日期。我们邀请的客人主要是自家亲戚，这些亲戚加上村中的邻里，一共有60多个客人。我们给客人们准备了很多丰盛的食物、水果、饮料，午餐从镇上专门定了8种凉菜，自己又炒了9样菜。这些饭菜我们会摆好，客人以自助选择的方式自己去取。那天，我们家还特意宰了一头牛，煮了肉。午饭过后，客人就会陆续给孩子献哈达、放红包。这次庆典共花了5000元，客人送来的红包约有10000元。送礼的客人中，最直系的亲戚送的钱最多，我们有个来自虫草收入好的亲戚红包包了2000元。"这场庆典，从参与的客人及送礼的规模上来看，这种新兴的仪式已经逐渐在成为半仪式化的社会关系建构场景。从2013年的统计数据来看，S村不同户数前去参加类似庆典的次数共计达到95次，为之送出去的"红包"礼有20700元。而送礼者对送出去的礼金也有很清晰的记账单，如$G_{18(2)}$很精确地记得自己去过谁家以及为每一家包过的礼金数。

C姐姐告诉我她的两个儿子今年都考上了本科，会在家里内部办个小小的庆祝。不几天，我收到了电话请柬。咨询过周围的本地朋友，我在中午12点前往C姐姐家，家里已经来了不少她的亲

114

戚和本村的客人。她的客厅很大，院子里又搭建了一顶帐篷。我观察到本村的客人，大部分都像过年一样穿着崭新的衣服。客人一坐下，便会倒一杯酥油茶，不一会又端来酥油汁人参果，或是酸奶人参果。面前的桌子上摆着煮牦牛肉、风干牛肉、油炸面食、糖、水果还有各种碳酸饮料。不一会主人招呼客人用午餐，是自助餐形式，多是自家炒的菜也有县的饭馆里定做的凉拌和热菜。每个客人拿着一个纸碗，按照自己喜好在碗里装上米和菜。约下午两点时分，开始了此次聚餐的中心仪式：来宾排成一队，一个接一个给考上大学的两位孩子送红包、献哈达。我想着是一家人，现金就包在一个红包里，多数人带了两个红包分别赠送。这个仪式结束，有的客人就离开了，也有客人留下来继续做客或是玩麻将。这一天，最忙碌的就是C姐姐了。前来帮她的有她的直系亲戚，也有平常要好的邻居。过了几天，我再次见到她问起此次仪式如何。她甚是满意，整个仪式都很顺利，开支低于所收到的红包额。（2017年田野笔记）

日常的互惠场景

人类学家对礼物的一个普遍共识就是"互惠原则"会使得礼物总会带来"回礼"（Gregry, 1982:47），亦即礼物的回赠。礼物的回赠是收礼者的角色转换为送礼者角色的仪式，这种角色转换既可以发生在接受礼物的那个时间段，也可以发生在一段时期后。邻里及村落关系的延续也时常发生在这种时间段之间：

C说今天要去县上买些需要回赠的礼物。回赠的对象包括几周前送礼的两个人和几周前给予劳力帮助的一个人：送一罐酸奶的N；送一罐牛奶的G；帮助收拾整理牛粪的J。我和C先去了县城的一个超市，C买了一袋包装精美的挂面（13元），告诉我"这是我经常买来送人的挂面，质量好。我想把这个送给G，以前给G也送过这种挂面"。C接着又在卖各种零食的几个架子前转了许久，决定去另一个超市。结完账，我们到了另一个较小的超市，买了价值约50元的各种零食，这些是送给J的几个孩子的。又买了一袋回赠给N的白砂糖（10元），C家里还有一袋挂面也是准备回赠给N的。从超市走出来，C告诉我，回赠的这些礼品希望对方能喜欢“都是从超市购买的，不是随便很便宜的那种”。（2013年10月21日星期一）

礼物的回赠并不仅仅只是物与物的交换，这种回赠也可以是回赠者对收礼者表达感谢的仪式。如上文所描述，J并没有赠送给C任何礼物，C要回赠J的原因在于J帮助C收拾整理牛粪（劳力的赠予）。类似回赠方式也会发生在不同的境况下，如回赠者接受过收礼者提供的人脉资源，从而获得现金收入。S常年跑包车，为那些有项目的汉族老板拉货，因其勤劳诚实，S在这一领域积累了固定的人脉资源。对于那些没有固定人脉资源的人，包车信息则显得尤为珍贵。S时常为村里其他有货车或者轿车的人提供包车信息，这种信息对提供包车的司机则意味着现金收入。当我问及S的妻子，这些接受信息的人是否会表达感谢。S妻提到了一位叫G的人“G的‘面子’(ངོ་ཆེ་བ) 最大，常常会买些礼物表示感谢，给我的孩子们也不时赠送现金。当然G也是我们的亲戚”。在这里，“面子”一词显然与汉语语境中的意思不同。在这一语境中，“面子”显然隐含着S的帮助行为，“大”则隐含着G对S的帮助行为有着自愿主动的回赠，而且是持续性的一种行为。

三　礼物与延伸的社会关系

（一）外村的亲戚

畜产品对于那些还留有牲畜的牧民而言是必备的礼物选项，尤其在面对市场上经由各色添加剂而制成的食品，牧民们也很清楚商品供应链上的各色食品不比纯天然食品的价值。他们也常用汉语“正宗”一词来形容自制的酸奶、牛奶和肉制品的纯天然性。一天，遇到正徒步去县城的W爷爷，他告诉我“上次给县城的亲戚送了一壶自制的酸奶（zho.blug），他们今天来电话让我去他们家一趟。"W 爷爷是 S 村较为典型的有畜户，显然，在他与外村的亲系链中畜产品在其礼物链上扮演着重要角色。从其简短的描述中可以体现出"自制"隐含"纯天然"，"去他们家一趟"隐含"回礼"的发生。

与外村亲戚的礼物互惠： 牧民显然很注重与邻村亲戚维持长久的关系。11 月中旬，C 和其血缘姐姐 G 及姐夫受邀参加郭琼乡一亲戚的建房庆祝典礼。C 赠送的礼品有 200 元红包，十几斤的水果和饼干。

礼物的文化功能进一步延伸到村之中和村之外的亲系之间。9 月 12 日恰巧是村中佛事活动期间，也适逢教师节放假期间。住在 8 村的 $G_{1(2)}$ 奶奶的表兄 L 舅舅，$G_{1(2)}$ 的母亲和 L 舅舅的父亲是亲兄妹，来 S 村参加活佛灌顶活动。$G_{1(2)}$ 奶奶在那曲工作的女儿 G 也趁放假来看望父母。接受完活佛灌顶，他们都来到 $G_{1(2)}$ 的大女儿 $G_{1(1)}$ 家里。$G_{1(2)}$ 在县城上班的女儿 Y 给 L 舅舅 100 元，说："舅舅，一点心意，拿去买点糖果。今天也没空请你去我家里坐坐。"女儿 G 从那曲给其大姐 $G_{1(1)}$ 买了酸奶，给父母家买了牛奶（12 元一斤，共 10 斤）。女儿 G 说："父母现在没有牲畜，所以我从那曲给他们带过来。以前他们有牲畜时，我用他们的（微笑……）。"其间，$G_{1(1)}$ 的丈夫从县城买了一盆子馒头，$G_{1(1)}$ 炒了一大锅菜，L 舅舅和他一家 7 人在 $G_{1(1)}$ 家喝茶、聊天，吃过午饭便离开了 $G_{1(1)}$ 家。食物分享、礼物赠予显然是分布在不同村落的亲系之间一种重要互惠文化仪式。

礼物的分享或者经济援助是经营亲系之间亲密感的显现仪式。这种仪式作为关系媒介对维系村与村之外亲系之间的关系显得更为重要。如果这一媒介趋于淡化，亲系之间的关系也渐疏远。对于经济地位弱势的亲系，这种疏远甚至会让其否定亲系亲密感的积极功能。5 村一位膝下无子的低保老牧民 L，主要通过其所在村民和政府的帮助维持其日常生活。当我问 L 是否有亲戚在田野 S 村时，L 告诉我："我亲妹妹的孩子在那个村，但我们几乎没有什么往来。现在的亲戚还不如外人。"L 的言外之意似乎在告诉我，作为经济弱势的 L，并得不到那些住在外村血缘亲系的经济援助，更谈不上彼此往来的礼物分享。在他的语境中，用以描述非血缘关系的"外人"一词来表述和强化这种淡薄的亲系关系。

（二）建房中的互惠

S村诸多牧户修盖房屋的时间集中在2009年前后，这与社会主义新农村建设的部署密切相关。这期间，修盖房屋的开支除了自己筹资还可以获得国家的部分补贴。根据每户口述统计，国家资助的资金约占建房总开支的18%，自己所筹资金占建房总开支的82%。由于房屋建筑对畜牧社会还不具有久远的历史，因而建筑房屋尤其对游牧社会是一种新近的技术知识。当牧民们建筑房屋时，通常会雇佣劳力。这些建筑劳力要么是日喀则的藏族农民工，要么就是内地来藏打工的汉族工人。其中日喀则农区的打工农民因其成本较低，成为建筑房屋的主要劳力，约有90%的牧户都雇用了日喀则农民来建房，仅有10%的牧户雇用过汉族建筑工。访谈者告诉我，在雇用这些日喀则农民和汉族建筑工期间，其明显区别就是雇用日喀则民工时除了支付工钱，还有隐形的仪式性礼物开支。如$N_{16(1)}$描述他家的建房过程："当我们把最基本的石材收集积累好了，正式盖建房屋时我们雇用了日喀则来牧区打工的劳力。这期间，需要给他们赠送饮料、糌粑和其他零食。最主要的礼物赠送发生在封顶时，我们要为工人们赠送多于平常的饮料和上好的食物。"$C_{11(1)}$描述得则更为详细："我们是在2003年建的房，当时建筑材料较为便宜，没有花费多少钱，约200平方米的建筑材料加上劳力，一共才花了约9万元人民币。当时，我们雇用了13个后藏的建筑工。这13个人由一个老板统一管理，工钱直接付给了这个小老板。除了工钱，起房屋主梁即封顶时，这些工人通常会举行个庆祝仪式。这个时候，我们就赠送了用于庆祝的食材如肉、鸡蛋、素菜、米、面以及4箱子啤酒和健力宝等饮料。"从牧户描述这种庆祝仪式的语境来分析，这一仪式是这些日喀则农民带来的一种庆祝典礼，不但村里的牧户们不会参加，就连房屋主人也不会参与。

这种仪式性的礼物通常包括了肉、米、面、饮料、奶渣、啤酒、香烟、清油、酥油以及柴火。如图7-4所示，约有22%的牧户明确提到了赠送过肉类食品，20%的牧户赠送过米，18%的牧户赠送过面粉，13%的牧户赠送过饮料，11%的牧户赠送过牛粪及干柴，约有5%的牧户分别提到了赠送奶渣和啤酒，2%牧户赠送过清油、香烟、酥油。如果将这些礼物折合成市价，如图7-5所示有

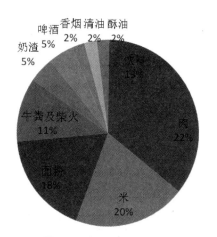

图 7-4　建房期间所赠礼物

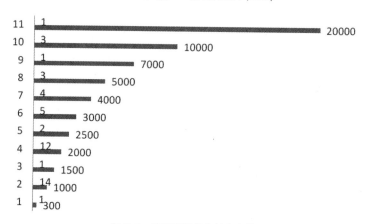

图 7-5　建房赠送礼物折合市价

14 户表示所赠送的礼物市价达 1000 元，12 户估算出市价为 2000 元，5 户估算出的市价为 3000 元，4 户估算出市价为 4000 元，3 户估算出市价为 5000 元，这部分市价最为典型，占全部户数的 87%。$G_{1(1)}$ 估算的市价仅为 300 元。11% 的户数估算的市值高达 7000—20000 元，这些户数可能将建房期间购买材料的开支一同并入了礼物开支之中。

$C_{15(1)}$ 是为数不多的雇用汉族工人建房的家庭，对此她解释道："雇用日喀则工人虽然所付的工钱比雇用汉族工人要少。但是，有很多隐形的赠送开支，例如每天需要赠送一些饮食、柴火。遇到不好的包工队，他们还会偷工减料，所以每天还得监工。雇用汉族建筑工人，就没有这些隐形的开支，而且建房质量要好很多。"

C$_{1(3)}$ 建房的过程时间跨度较大，可以说是 S 村建房发展过程的微观史：

20 世纪 90 年代早期，我们住在一间非常普通的房子里，后来在这个房子后面建了一间约 17 公尺的房子，没有阳台。过了 3 年，这期间自己收集和积累建房的石头。这个时期我们家还有牲畜，所以我主要看护牲畜同时照顾孩子们，我丈夫就一点一点积累这些石头，并且雇人加工石头。那个时候，一斤虫草才 5000 多元左右，付给石工的工钱比现在要便宜很多，石工砌一块石头也就 2.5 元。

我们的房子建于 20 世纪 90 年代中后期，正式开工从旧房屋拆除开始进行。因为，开工时间是在夏天。夏天气候宜人，搭建了 3 到 4 个帐篷作为这期间我们的临时住处。房子的建筑面积约有 240 平方米，雇了 19 个日喀则农民，他们只负责建筑，其间所需要的建筑材料都是我老公时不时去那曲购买的。由于这些农民建筑工那一年在 S 村一共承包了 3 户人家的建房工程，所以我们的工程一直拖到 11 月才完工。我和老公计划中还包括了铺地板，而铺地板这种活农民工不会，必须得请汉族工人。

除了合约上说好的工钱，建房期间，我们需要给这些农民工赠送各种消费品。首先要不间断地给他们赠送用于取暖的木材和牛粪，但是很多时候这些农区的劳工不是很懂得珍惜我们免费赠送的取暖材料。有时他们踩踏散落在地的牛粪，使牛粪的支出增加。除了取暖食材，还需要赠送酥油、奶渣、米、面、羊肉、羊内脏、新鲜的大白菜，他们自己也带一些土豆和糌粑等。盖顶完成时，要为这些劳工赠送用于庆祝典礼的各种食材：酥油面疙瘩、3 箱啤酒、饮料。这些劳工走后留下的垃圾足足有四车，用了整整 1 个月处理这些垃圾。房子盖好后，要另外请日喀则的画师，共 4 个人，花费 1000 元，为画师要免费提供一日三餐，提供上好的茶。完工时，当天付款。

对建房中的这种赠送行为，$C_{1(3)}$ 的描述不无道理：按理说，我们已经给这些劳工支付了应该支付的工钱，我们不应该增加额外的投入。但这种赠送行为的发生是因为：一是我们有提供食材的能力；二是通过免费赠送食材，我们期待这些农民工在建房的过程中也许会更用心。这种赠送行为在其他村子也一样，但依据不同家庭的不同经济实力而定。这种赠送是一次不具有强制性的且自愿的行为，回赠的发生是"用心"，这就像一种没有契约的互惠一样。虽然这种互惠过程中，赠予以一种具体和可见的方式体现，它通过一系列的消费品展现出来；但农民工的回赠或是否回赠则是模糊和不可见的。建筑过程中，农民工"用心"了，或没有"用心"都无法量化。这在很大程度上取决于雇主的期待值，甚至也取决于其他村民的期待值，而且这种期待值可能随着建房的过程有着变化和起伏。

（三）村之外的人

关系的远近及亲切感可以通过食物的分享获得折射。笔者作为村之外的人，对于 S 村的牧民来说完全是一个外来陌生人的角色。从第一天在 S 村调研开始到入户访谈的逐渐展开，笔者与村民的关系也开始了从生疏到逐渐熟悉的过程。笔者每拜访一个家庭都会带上见面礼，这多少可以弱化对我的陌生度和距离感，或者就如列维·斯特劳斯所描述的"个人与他人的对立转为统一的功能"[①]。而笔者和访谈对象关系亲近度的增加也可以明显地通过食物的分享体现出来。以访谈者所记录下的 28 户，不同家庭多次拜访，共计 55 次为例。例如，去 $M_{20(2)}$ 家访谈时，首先分享的是酥油茶，聊天一会 M 拿来另一桌上摆放的饼干与笔者分享，随着交流的进行，默契感增加 M 拿起桌上的风干牛肉分享。如图 7-6 所示，访谈者在拜访不同家庭时，获得了 9 种类型的分享。分享酥油茶是最常见的礼节性分享，占 44%；入户访谈期间如果刚好赶上被访谈者在烙饼子，随着亲切度的增加，11% 的家庭分享过自制的烙饼；为了不间断访谈内容，访谈时间常常会延续到午饭时分，这种情况下约有

---

① Levi-Strauss, Claude, *The Elementary Structures of Kinship*.Trans. J.H. Bell and J. R. von Sturner. Booston: Beacon Press，1969, p.84.

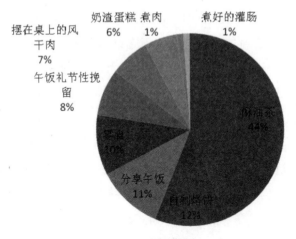

奶渣蛋糕 煮肉
6% 1%

摆在桌上的风
干肉
7%

午饭礼节性挽
留
8%

零食
10%

分享午饭
11%

自制烙饼
12%

酥油茶
44%

煮好的灌肠
1%

图7-6　分享的食物 A

11%的被访谈者家庭与笔者分享过午饭；很多家庭桌上还摆有各种零食，约有10%的家庭分享过这些零食；当访谈时间延续到午饭时分，并不是所有的家庭会分享午饭，但他们（8%）会以礼节性挽留来暗示访谈者离开；S村的很多家庭都摆放有风干牛肉和奶渣蛋糕，这两种食品都是很受欢迎且市值高的即食食品，所以仅有关系亲切度高时才会获得分享（7%，6%）；入户访谈期间，假如恰逢正在享用食物，牧区的好客文化一般都会同客人分享正在享用的美食。如笔者访谈 $C_{5(2)}$ 家时，恰逢这家在为家中的病人做祈福仪式仁卓（ཪིམ་བྲོ /rim.bro），迎请了几位僧人（sku.zhabs.lags）。这种仪式过程中，主人家会准备丰盛的食品，煮肉是必不可少的。即便是第一次拜访，也获得了分享。去 $N_{14(2)}$ 家访谈也是同例，分享了他们家自家灌制的牛肠，异常美味，至今难忘。

关系亲切感最具体的体现之一是专门为访谈者准备食物。对于村民而言，笔者是外来的陌生人，非地方官员，在S村也无亲无故。故而第一次拜访时没有发生过专门准备食物的场景。专门准备食物总是发生在几次拜访之后，并且访谈较为默契的家庭。如图7-7所示：56%的家庭专门分享了自制的新鲜牦牛酸奶。S村47%的牧户已经不再饲养任何牲畜，这些牧户没有新鲜的牦牛奶加工酸奶，故而分享酸奶显得尤为特别。有11%的家庭专门准备了藏式肉包子，这种礼遇常出现在招待贵客时；11%的牧户分享了刚刚煮热的新

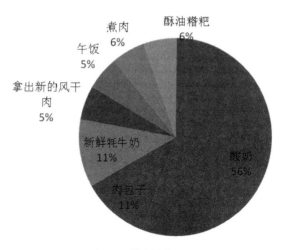

图 7-7　分享的食物 B

鲜牦牛奶，这种分享方式也是一种上好的且珍贵的礼遇；6% 的牧户则专门为笔者煮肉、用多于平常的酥油拌糌粑；5% 的家庭特意准备了午饭或专门从储藏室拿出风干牦牛肉分享。

　　食物分享的频率及分享种类的重叠性可以折射出分享者和被分享者之间关系的逐渐建立和亲切度的逐渐递升。这点可以从关键访谈人 $C_{1(3)}$ 与笔者分享食物的过程中得到清楚的证实。初识 C 是通过村主任的引荐拜访了 C 的家，我随着村主任一边和 C 寒暄一边走入 C 的家。观察其家的摆设可以推测出是一般实之家，因为除了时尚且市价很高的藏式家具，也可以从其桌上摆设有品质上乘且数量颇多的风干牦牛肉和精致的奶渣蛋糕可以判断。C 是位热情且善谈的妇女，一边交流一边已为我和村主任倒好了酥油茶，村主任有事不一会儿就走了。开始了我和 C 的单独访谈，她的善谈和清晰的逻辑使得这次访谈进行得非常顺利，期间她不断招呼我享用桌上的风干肉和奶渣蛋糕。交流进行中近午饭时间，我知道我应该结束这次访谈，她表示出了礼节性的挽留。第二次拜访她时，我们的关系较之第一次已经比较熟悉，她特意拿出了刚从镇上购买的饼子，这次还专门从储藏室拿出了新的风干肉和我分享。这之后，恰逢她身体不适，每天要去私人诊所打点滴，于是我就天天跟在她旁边询问 S 村的亲系关系，期间我赠送了慰问性礼品。这几天的交往极大地促进了我和 S 的关系，等到第三次到她家拜访时，她不但再次从储藏室拿出新鲜的风干肉，而且还专门为我准备了藏式肉包子。这是亲密关系建立的一个明显体现。在接下来的田野时间中，如果拜访 C 家但凡恰逢午饭时间，她总会和我分享午饭，$C_{1(3)}$ 家也成为田野期间同笔者分享午饭最多的一家，这是我和 C 关系亲近度常态化的一种折射。结束田野时，C 专门为笔者准备了一顿丰富的地方特色的午饭：野菜肉包子、蒸馍沾酥油。这既是对我们之间关系亲密度的一种实质性说明，也暗含着期望这种关系延续的文化隐喻。在结束田野工作后，最常和我保持电话联系的便是 C，每年冬季 C 会来拉萨，也总会给笔者带些当地特色礼品。笔者则在最好的藏式餐厅宴请 C 和她的姊妹以示回礼。

第八章

信仰礼仪

我相信生命
我相信尚未认识的你
我相信自己
因为有一天我会成为所有我爱的东西
空气
流水
植物
那个少年

——路易斯·塞尔努达

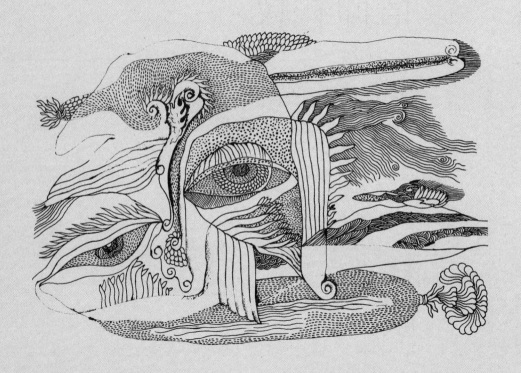

佛教经过约 2000 年的发展，其显密经典教义经过了非常系统的发展，而其中藏传佛教全面继承了印度显密佛法的血统（多识·洛桑图丹琼排，1998：3）。[1] 就此，藏传佛教作为佛教体系的一个重要传承派别，强调信奉者在修行过程中的具体实践，如供养和布施。佛教信仰体系以"无常"和"一切皆空"诠释宇宙万物的存在。作为佛信徒，供养和布施是实践这一哲学观的重要修行及修心过程。

布施一词引自梵文 Dana，Dana 即意含有给予、赠送和舍弃，同时也指供养、施舍。藏语中"乔巴（ མཆོད་པ /mcho.dpa，）意为供奉，乔巴的对象一般是出家的僧人或是寺院。乔巴是出于恭敬之心的向上的给予和赠送，这是一种对佛法僧三宝的供奉；金巴（ སྦྱིན་པ /sbyin.pa）意译为布施[2]，金巴的对象一般为弱势群体如乞讨者"（付吉力根、尕藏尼玛，2015）。[3] 供奉和布施作为佛教徒的一种修行，佛教理论中有关为什么供奉和布施，以及供奉和布施的内涵及其分类、供养和布施对象的层次、阶位上的分类、供养和布施所达到的修行度等有着一套非常详尽的描述和解释（宗喀巴，2003）。[4]

简单来说，供养和布施强调信奉者以善心为出发点，以尽己所能的方式实践供养和布施，而通过供奉和布施积累的资粮则会通过"回向殊胜"将这一功德回向给一切众生、回向给无上菩提。这一境界应该是修行者的最高精神追求和达到的思想境界。对于普通的信众，不同的供养者及布施者，所能达到的修行境界以及境界的层次则因人而异。

如果以交换互动方式的角度来看，"回向殊胜"这种境界则是一种"无私"的"不期待"回赠的"纯粹赠送"行为。不管是"回向殊胜"的修行境界，还是其他境界层次，供奉者和布施者作为"赠送者"的角色，则通过其一系列的"赠送"行为，积累和获得着今生的以及来世的福报资粮（ བསོད་ནམས་ཀྱི་ཚོགས /

---

① 多识·洛桑图丹琼排：《爱心中爆发的智慧》，甘肃民族出版社 1998 年版。

② "布施分为财施、法施和无畏施三种。密宗将之视为三昧耶戒中最主要的部分。"华智仁波切：《大圆满前行》，索达吉堪布译，中国文史出版社 2016 年版，第 250—251 页。

③ 付吉力根、尕藏尼玛：《藏传佛教布施现象初探：以拉卜楞寺正月法会为中心》，《西北民族大学学报》2015 年第 5 期。

④ 宗喀巴大师造论：《菩提道次第广论集註（卷 113）》，法尊法师汉译，智敏上师集注，上海古籍出版社 2003 年版。

bsod.nams.kyi.tshogs）和智慧资粮（ཡེ་ཤེས་ཀྱི་ཚོགས། /ye.shes.kyi.tshogs）。因此，这一"赠送"行为就此和供养者及布施者的资粮产生了微妙的"赠送—回赠"的互动关系。对于普通的信众，他在实践供奉和布施仪式的时候，会期待自己可能获得的资粮能够在今生以物化的方式出现：如今世家庭的和睦；或者，实践者可能期待这种资粮能够在来世以某种自己期望的状态出现；或者，实践者可能期待自己积攒的资粮能够回向给所有众生。如何达到不同的境界则取决于实践者的自我意识活动、付诸实践的方式以及诸神的世界。

"供养"和"布施"所产生的"回赠"可能即刻发生，也可能延迟发生，甚至可能发生在布施者、供养者的来生。显然，这种"回赠"存在于一个解释范围极其广泛的时空中。这种"回赠"可以超越时空概念的维度，或以非物质形态存在，或以物质形态存在。例如，洛桑先生是一位英俊的帅哥，这种英俊容貌的构成是洛桑前世所做的功德在今世的福报资粮；文昌措女士是一位天资聪慧的女士，天资聪慧是文昌措女士前世所做的功德在今世的智慧资粮。

故供奉和布施以一种系列性的赠送仪式构成了牧民日常信仰礼仪中的一个重要内容，这些赠送仪式通过不同的仪式场景获得展现和构建，在 S 村，如去圣地朝佛（གནས་མཇལ། /gnas.mjal）、修缮尼姑庵（ཨ་ནེའི་དགོན་པ་ཞིག་གསོ། /a.nevi.dgon.pa.zhig.gso）、修建佛塔（མཆོད་རྟེན་བཞེངས་པ། /mchod.rten.bzhengs.pa）、灌顶供（དབང་ཡོན། /dbang.yon）、为化缘僧人供奉布施（སྐུ་འགྱེད་འབུལ་བ། /sku.vgyed.vbul.ba）、通过供奉祈请寺院僧人诵经（བཅའ་བ་རིམ་གྲོ་སྒྲུབ་པ། /bcav.ba.rim.gro.sgrub.pa），以及为亡者诵经（འདས་མཆོད་སྒྲུབ་པ། /vdas.mchod.sgrub.pa）。

一　信仰礼仪的开支

信仰礼仪是 S 村牧民日常生活中必不可缺的一个仪式场景，信仰礼仪所产生的开支也成为家庭开支中的一个重要组成部分。表 8-1 是各个家庭的信仰礼仪开支占家庭总收入的比例。在 55 户家庭中，信仰礼仪开支占家庭总收入 3% 的户数最多，共有 10 户；其次有 6 户的信仰礼仪开支占家庭总收入的 4%；信仰礼仪开支占家庭总收入 2% 和 1% 的户数各有 5 户；信仰礼仪开

表 8-1 供奉开支比例及户数

百分比 (%)	127	96	29	27	25	24	21	17	16	15	12	11	10	9	8	7	6	5	4	3	2	1	0
户数	1	1	1	1	1	1	2	1	1	1	1	1	2	2	1	2	4	2	6	10	5	5	3

支占家庭总收入21%、10%、9%、7%和5%的各有2户；剩余户数按照每一户的分布，其信仰礼仪开支占家庭总收入的百分比分别是127%、96%、29%、27%、25%、24%、17%、16%、15%、12%、11%和8%。

然而，有两户家庭其信仰礼仪开支分别占家庭总收入的127%和96%，为什么这两家与其他家庭的情况悬殊如此之大？$S_{17(2)}$ 的信仰礼仪开支支出远远高于其家庭总收入，高达127%（总收入2680元，信仰礼仪开支3400元）。$S_{17(2)}$ 是一个由6口家庭成员组成的扩大家庭，没有牲畜，被列为低保户。访谈 S 的家庭收入时，他只提供了国家提供的低保配额，并一再强调低保收入是这家唯一的收入来源。但从其他村民的交谈中得知，$S_{17(2)}$ 家的女儿和女婿采挖虫草，有一定的虫草收入。从 S 提供信息的方式推断，他应该认为访谈者收集收入数据会对其低保收入资格有所关联，故低报其家庭总收入。另一个家庭 $C_{15(1)}$ 的信仰礼仪开支也高达96%（总收入1324元，信仰礼仪开支1270元）。$C_{15(1)}$ 是一个由4名家庭成员组成的扩大家庭，没有牲畜，也属于低保户家庭。C 是位90多岁高龄的老妇，访谈数据由其女儿 Q 提供。这家只有 C 的户口在 S 村，故家庭收入仅仅纳入了 C 的收入，Q 的丈夫则是一名国家公职人员，有着稳定的工资收入，Q 也有着一些零散的收入。因而，如果将 Q 和其丈夫的收入列如这家的总收入，信仰礼仪开支所占比例应该远远小于96%。

有3户家庭的数据显示没有信仰礼仪开支，这份数据真的代表实情吗？有时，仅仅用数据是无法反映田野中复杂的文本情景。当我们分析访谈这3户家庭的田野情景，不难推论出信仰礼仪零开支并非实情：$G_{5(4)}$ 的家庭毛收入为230000元（G 的收入来有两部分，60000元来自其妻在镇上开的服装店，虫草带来了170000元的现金收入）。G 一家三口，以这样的收入是 S 村中相对富裕的家庭，G 表示其信仰礼仪开支仅有1000元，占其总收入的0.004%。G 平常住在镇上，故而对访谈者的身份可能有着某种猜测，对访谈者数据收集的用途也有所怀疑。或者，个别年青一代的牧人在信仰礼仪开支确实占很小的比率。

> 正在采访 ZM 老奶奶时，进来了一位长相帅气的男子。ZM 介绍说这是她的儿子 G，户口在村里，但平常住在镇上。G 悄声问了下ZM："这个女子是干什么的？"ZM 告诉他："她是拉萨来的写书干部。"过了会，我提出要采访 G，G 告诉我："我什么也不知道。"我解释了一下我的工作，G 答应了采访。但 G 所提供的信息极其简单。当我问到布施的开支时，他说自己挣的钱都是辛苦赚来的，信仰礼仪方面不怎么花钱，每年大概就花个 1000 元。（田野笔记）

后来，在和村民的闲聊过程中，有几次听到关于 $G_{5(4)}$ 的议论："G 自己的收入很好，吃穿都很殷实，但是对自己的母亲不怎么样。"我接着问道："G 在参与佛事活动方面舍不舍得花钱。"聊天的村民笑了一下，说道："现在的年轻人，第一不大懂自己的信仰；第二也不是全身心的虔诚。G 在信仰礼仪方面应该花得不多，要不怎么会对自己的老母亲那么不孝顺。"

信仰礼仪零开支的 $C_{11(1)}$ 家则是另一种缘由。这是一家四口的核心家庭，家庭总收入 143800 元（虫草收入 75000 元，工资收入 6480 元，出售青稞4000 元），C 曾经是村上的干部，并且任职。最重要的是 C 是一名资深的共产党员。当问到信仰礼仪开支时，C 告诉访谈者："作为一名党员，我们是不信教的，所以也不参与任何信仰礼仪活动。"C 的儿子 $Z_{11(3)}$ 是供奉零开支的另一个家庭。Z 是一离异的单身汉，无畜，虫草是其家庭的唯一收入来源，为90000 元。C 的收入用于自己消费，但一日三餐基本在父母家里。C 所提供信仰礼仪开支为零的考虑，应该与其父亲的身份有关。

信仰礼仪零开支的这两家让我想起公共场合和私下场景（pubic space and private space），显然对于 C 而言，他和访谈者的对话代表了一种公共场合式的对话场景。这种场景下，谈话者会以一种公共场合认可和宣传的方式表达自己的认可和身份归属。然而在私下场景中，是否有信仰礼仪开支，只有 C 和其家人知道。至少从和其他村民的交流中，类似家庭与信仰礼仪活动并非完全绝缘。

二 八类场景

S村的信仰礼仪开支大致可以归为七类。比较这七类开支，如图8-1所示，朝佛期间供养的开支在所有分类中占比例最高，达34%；修缮尼姑庵时供养开支占信仰礼仪总开支的第二位，为19%；修建佛塔时供养的开支占信仰礼仪总开支的17%；每年一度的灌顶供（དབང་ཕོག）期间供养的开支占总开支的13%；为前来化缘的僧人或尼姑的供养（ལོ་རེར་ཨ་ནི་དགོན་པར་བསོད་སྙོམས་ཕུལ /lo.rer.a.ni.dgon.par.bsod.snyoms.phul）占信仰礼仪总开支的8%；每年请僧人在寺院里诵经（བཀའ་འགྱུར་ཀློག་པ /bka'. 'gyur.klog.pa）时所提供的经事开支占信仰礼仪总开支的5%；家中有亡者时丧葬仪式中的经事开支占信仰总开支的4%。

（一）朝圣

对于笃信藏传佛教的牧民，去圣地朝佛是一生中必定完成的一次朝圣。佛陀在《杂事品律》中讲道："诸比丘，吾命终后有四处（指佛出生、成佛、转法轮、圆寂之地）为善男子和善女子们应当毕生前往和忆念之所……"在诸多戒律经中都提及这样一则故事：曾有头猪被狗追赶转绕佛塔一圈，这头猪因此而受得解脱道的因泽。这应该是藏族信众朝圣的一种教义解释：朝圣具有与朝佛一样的功德，朝圣也是一种向佛祖求请神力、自我忏悔和行善积德的善行。

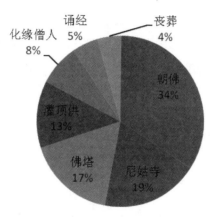

图8-1 供奉开支比例

对 S 村的牧民，朝佛的地点以那曲和拉萨为主，其中以拉萨为重点。经济殷实的家庭也许每年都会去拉萨朝佛，经济条件一般的家庭则可能为某个特定的目的专程前去朝圣。这一朝圣过程由一系列的物质支出和布施组成，到了拉萨必定要前往大昭寺、哲蚌寺、色拉寺三大寺做布施。最常见的就是购买用以点酥油灯的酥油以及在各个寺院朝佛过程中用以供佛的现金布施。在一些情况下，根据施主自己的意愿，也可能实施斋供供奉。这是施主出资为全寺僧人供饭以及为每位僧人分发供养钱（现金）的一种供养仪式。

S 村中共有 55 个访谈户，其中仅有 8 户明确表示近两年去过那曲和拉萨朝佛供奉，其余 47 户所提供的朝佛供奉数据均是依据其以往经验的估算数，不能代表实际开支，不同户数之间所提供的开支数额仅作为参照。这 55 户的朝佛供奉开支共计 133500 元，平均下来每户的布施开支为 2427.2 元。如表 8-2 所示的数据是不同家庭去拉萨朝佛期间估算的布施开支。其中，布施开支在 1000 元的最多，占 10 户；有 7 户的布施开支分别占 2000 元和 500 元；有 6 户表示布施开支占 200 元；4 户的布施开支分别是 300 元和零开支；3 户的布施开支分别占 3000 元和 4000 元；剩余的户数以各一户的比例布施开支分布在 20300 元到 1500 元。

由于信仰礼仪开支与家庭年总收入紧密关联，故而有必要详细分析朝佛供养数额较大的几个家庭。有的家庭在提供朝佛供养开支时合并了朝佛期间其他的开支。如供养开支最高的 $S_{11(2)}$。这是一个由 5 个家庭成员组成的核心家庭。其家庭收入由虫草收入、包车收入和出售青稞草三部分组成，年收入约为 80000 元，朝佛供养为 20300 元，占其总收入的 25%。访谈人在提供供养开支时，只笼统地说起"每次去拉萨要花个 2 万元，供佛金约 300 元"。S 并未提到近两年做过斋供施，供佛金也仅估算为 300 元，故而推测 S 所说的

表 8-2　　　　　　　　　　　　　朝圣供奉

开支（元）	20300	20000	15000	8000	5000	4000	3000	2000	1500
户数	1	1	1	1	1	1	3	7	1
开支（元）	1000	800	600	500	400	300	200	100	0
户数	10	1	1	7	3	4	6	2	4

朝佛花费包含了去拉萨期间衣、食、住和行等所有相关开支。相同的因素也可以用以分析 $L_{7(2)}$。该家庭为夫妻无子嗣组成的两口之家，其年收入为虫草收入 100000 元，朝佛供养开支为 15000 元，占其年总收入的 15%。L 妻子的父母住在拉萨，两口子一年中的很多月份都居住在 L 妻子父母家。L 所提供的供养开支可能还包含了在拉萨期间的其他相关开支。

有的家庭其朝佛供养占年总收入比例较高则因为家中特殊的原因。$Z_{3(1)}$ 是一个由 8 个家庭成员组成的核心家庭，年收入约为 81450 元，朝佛供奉开支为 20000 元，占其年总收入的 25%。Z 在谈及供养开支时，特意提到了家中老者过世，专门去拉萨为过世者朝佛期间的供养开支约有 20000 元。为亡者的朝佛供养的开支并不一定总是居高，如 $G_{1(1)}$ 家。$G_{1(1)}$ 是一 5 口之家的核心家庭，年收入约为 108000 元，家中老者过世，朝佛布施花费主要是供佛灯开支，约为 3000 元，占其年总收入的 3%。

不包含以上两种情况，朝佛供养开支表示在 8000—4000 元的家庭参照其家庭年总收入，代表了那些经济条件较为殷实的牧户朝佛供养开支的情况。$G_{10(1)}$ 有 4 名家庭成员，家庭年总收入为 111400 元，朝佛供养为 8000 元，占年总收入的 7%。G 在拉萨拥有自己的房产，故朝佛期间食宿的花费较之其他家庭应该不多，其所提供的朝佛供养开支应该较为接近真实的供佛开支；类似的情况还有 $Q_{16(1)}$，这是一 6 口之家的扩大家庭，家庭年总收入为 160580 元，供养开支 5000 元，占年总收入的 3%。Q 的女儿在拉萨就职，Q 去朝佛时就住在自己女儿家。$L_{18(3)}$ 有四名家庭成员，年总收入为 180000 元，朝佛供养开支为 4000 元，占年总收入的 2%。L 夫妇因其经济收入丰厚，新近从其扩大家庭中独立出来。前面的章节（第七章）特地提到过 L 去拉萨时，在其他消费品上的开支高于其前辈牧民。

家庭经济条件的优越与否与其朝佛供养的开支有着必然联系，根据牧户所提供的朝佛开支从 100—8000 元，同时参照这些家庭的年总收入，他们所提供的数据是不同经济条件的家庭其朝佛开支的多与少的一种参照。

然而有四户的数据显示朝佛供养为零，故而亦有必要分析这部分家庭数据下的人文情况。这四户中，$A_{4(2)}$ 明确表示了近两年没有去过那曲或者拉萨朝佛供养，故该项开支为零。$C_{11(1)}$ 和 $Z_{18(1)}$ 表示在朝佛供奉方面没有开支，考虑到这两位被访谈者是党员身份，他们可能将访谈者作为官方的采访者，故而含蓄了朝佛供养方面的开支。剩下的一户 $Z_{11(3)}$ 和前面分析过的类似，Z 表示朝佛供养零开支应该与其父亲的党员身份有关。

（二）修缮尼姑庵

坐落于圣湖嘉乃玉措湖畔的措果寺创建于 1889 年，由宁玛派高僧释迦牟西热选址建寺[①]。寺内主供莲花生三尊佛像、度母佛像、观音菩萨像等。当时尼姑有 20 余名，举行常规佛事活动。在"文革"期间被毁，1986 年迎信教群众愿望恢复重建，现有尼姑 10 余名。位于该寺近处的嘉乃玉措湖享有莲花生大师加持的盛名，还有此湖为密宗事部三怙主和度母的魂湖之说等神奇传说，与措果寺相距不远的阿扎寺每年举行祭湖仪式，所以当地老百姓视为赎罪积福神圣之地，经常朝拜转湖。

修缮的措果尼姑寺（མཚོ་མགོ་བཙུན་དགོན། /mtsho.mgo.btsun.dgon）需要供养资金的信息是该寺通过各个村子的负责人传达到每户牧民家。供养金在 3000 元以及 3000 元以上的牧户作为施主获得了尼姑庵赠予的护身符，S 村作为供养的整体单位得到了尼姑庵回赠的一幅佛像图。

尼姑庵修缮资金的赠予也是一种自发自愿的供养行为。S 村所供养的现金共计 73690 元，如表 8-3 所示，所访谈的 55 户中，供养额度在 1000—5000 元的达 21 户，供养额度在 100—500 元的有 26 户，8 户家庭的数据显示没有对尼姑庵的修缮实施过供奉，其中有 3 户家庭明确表示实施过供养。在供养额度的数额上以单数居多，占总户数的 60%，例如供养额度为 3330 元的户数多达 10 户，500 元的户数也是多达 10 户，300 元的户数有 7 户，3000 元的户数有 5 户。这一现象和佛教中讲究单数吉祥的解释也许有关系，不过在 2017 年的回访中 M 表示这之间没有关联性。M 说他是当时村中的联系人，牧民们本着自己的意愿和能力力所能及发起布施，主要的施主布施额度大，小施主的布施则相对少些。S 村当时共筹得近 9 万元，尼姑庵用此资金引请了一尊佛像。

---

① 寺院制作的一枚纪念相框中记述该寺为发藏大师尼玛扎巴第四世金美曲央多吉所创。

收　据

今收到一村村民为措果尼姑寺院开光典礼的募捐款 8650 元，二村和全体僧尼深表谢意！

村民委员会

2015 年 11 月 3 日

表 8-3　　　　　　　　　　　　**供奉修缮尼姑庵**

供奉额度（元）	5000	3330	3300	3000	2000	1000	500	300	200	100	0
户数	2	10	1	5	1	2	10	7	3	6	8

（三）佛塔

修佛塔的功能在《大方广菩萨藏文殊师利根本仪轨经》①中提到：修佛塔不但能忏悔，甚至还有净犯（ བཤགས་སྡོམ /bshags.sdom）五无间罪（ མཚམས་མེད་ལྔ /mtshams.

---

① "密宗经籍，全书三十六章。十一世纪初，译师释迦洛追由梵译藏。宋代天息灾由梵译汉。"张怡荪主编：《藏汉大词典》，民族出版社 2015 年版，第 888 页。

med.lnga）的恶业。佛经中讲只要自己有足够的信心，把佛塔、佛像、佛经观为利益众生的佛祖本身，那么必定有与佛同等的威力和加持力。

S 村的佛塔约修建于 2004 年。佛塔现在所在地以前有个玛尼石堆（མ་ཎི་རྡོ་སྤུངས/ ma.ṇi.rdo.spungs），后来达果寺（རྟ་མགོ་དགོན/rta.mgo.dgon）的曲尼活佛（ཆོས་ཉིད་རིན་པོ་ཆེ/ chos.nyid.rin.po.che）来村里祈福，建议在玛尼石堆点修缮佛塔。牧民 D 作为负责人，在 S 村传达活佛建议，就此每户人家按照自己的意愿赠予了供养金。供养金在 3000 元以及 3000 元以上的人家作为施主，在佛塔修建完成的祈福仪式上获赠护身符。

修建佛塔所需的资金是通过牧民自发自愿的供养行为筹集而得，S 村为修建佛塔所筹现金共计有 66785 元。如表 8-4 所示，所访谈的 55 户中，供养金额在 1000—5400 元的达 22 户，供养金额在 100—885 元的有 28 户，有 5 户的数据显示修建佛塔时没有供养过现金。其中，有的家庭如 $G_{9(1)}$ 在修建佛塔这一项的开支占其宗教开支总额的 44%。

（四）灌顶供

灌顶供（དབང་འབུལ）是接受灌顶时，供养上师和佛的物品（2015:1935）[1]。这是通过物质的赠予对信仰体系认同和表达的又一重要仪式。灌顶供仪式之一是迎请活佛到村中，活佛及其随从一般会由村中一个威望较高且条件较为殷实的家庭接待。活佛会为迎请他的村民做一系列相关的诵经祈福仪式，以及为前来朝拜的信众摸顶。从出家人（活佛）的角度而言，为他众灌顶、传法属于密宗三昧耶戒中的"法施"。[2]

表 8-4　　　　　　　　　供奉修建佛塔

供奉额度（元）	5400	5000	4000	3300	2000	1500	1100	1000
户数	1	2	1	2	4	1	1	10
供奉额度（元）	885	700	500	400	300	200	100	0
户数	1	1	8	2	8	7	1	5

---

① 张怡荪主编：《藏汉大词典》，民族出版社 2015 年版。
② 华智仁波切：《大圆满前行》，索达吉堪布译，中国文史出版社 2016 年版，第 240 页。

参加灌顶供的信众主要是本村的牧民，也有邻村专程前来的牧民。摸顶过程中，信众会敬献给活佛现金抑或实物作为专门的供养。然而，这样一次灌顶供仪式还包含了一系列其他的赠予过程。

灌顶供仪式的准备包含了每个牧户自愿赠予的现金和实物。这部分现金和实物按照每个户数的家庭人口数和所养牲畜数的比例来决定其供养的额度。在2013年的一次灌顶供仪式中，S村负责人按照村里有畜户和无牲畜分摊送需物资及现金。有牲畜的牧户按照每户每人100元和酥油（按照每头牦牛0.5斤折算）及奶渣收集。无牲畜者按照每户每人100元，以200元现金代替酥油和奶渣份额的算法来收集。此次灌顶供仪式中所收集的现金有36552元，收集的酥油和奶渣按斤折合成市价约为13107元。如表8-5所示，为这次灌顶供仪式捐赠金额超过2000元的户数仅有一户，20户家庭所赠供奉在1000—1760元，31户家庭所赠供奉在350—955元，3户家庭的供奉为零。$Q_{16(1)}$的供奉开支为2170元，这是一家有畜户，供奉的现金为600元，酥油20斤，折合市价为1400元，奶渣10斤[1]。在收集供奉的酥油时，是按照每头母牛0.5斤酥油来折算，因这家的母牛头数较多，所以分摊的供奉酥油斤数也多。供奉开支为零的3户中，A_{21}恰好在拉萨，故未能参加此次灌顶供的整个仪式。$C_{11(1)}$和$Z_{11(3)}$表示没有参与过此次供养的准备，其原因已在前面进行过分析。不过，笔者目睹了$C_{11(1)}$的妻子和$Z_{11(3)}$在灌顶供的现场聆听活佛讲经。

赠予现金及畜产品是灌顶供仪式的一种供养行为，另一供养行为则通过劳力的自愿付出体现出来。仪式的准备过程中，村里的每一户都会参与到这一过程中。这一准备过程由S村的几个主要负责人统一安排部署。负责人会召集几个能干的牧民在接待活佛的牧户家中，提前将活动期间应提前准备的食材准备好。牧民也可以自发自愿地在自己家中将专门做好的食物送到接待活佛的家中。如$C_{1(3)}$用自己家的面粉，花了一天的时间在家烙了近100个薄饼。

表8-5　　　　　　　　　　　　　　　　灌顶供开支

供奉额度（元）	2170	1000—1760	350—955	0
户数	1	20	31	3

---

[1]　此户所报奶渣的市价为17元。

灌顶供仪式举办了两天，这两天均包含了一系列的劳力付出，如食材的准备。$C_{1(3)}$告诉笔者灌顶活动那天，她和村里几个能干的妇女准备了近十几道菜，活佛及其随从专门享用的牦牛肉包子。仪式第二天是"央阔"（ གཡང་འགུགས /g-yang.vgugs）诵经及招"央"（ གཡང /g-yang）仪式，招"央"仪式的诵经及仪式持续了数个小时。其间需要有劳力完成一系列的食材准备。

今天我也和$C_{1(3)}$去厨房都忙做"巴杂麻古"（ སྤགས་ཚ་མར་ཁུ /spags.tsha.mar.khu）[1]，厨房的另一侧则是本村的一位男性牧民Q，他准备了近十多种热菜及凉拌，如土豆片炒牛肉、青椒炒肉、茄子炒牛肉、凉拌黄瓜、凉拌萝卜丝等。Q显然是这里的主厨。虽说炒菜烹饪不是牧民的传统，但其炒菜、烧菜的娴熟程度让我印象深刻。我询问Q，从哪里学来炒菜的技能，他笑着回答："我是自己学习的。平常只要我看到汉族炒出的菜哪个好吃，我也喜欢跟着学习，然后自己尝试着做。"

灌顶供仪式期间所准备的这些食材，最主要是供养给活佛及其随从的，同时也用于仪式期间参与者们的共同分享。如招"央"仪式结束后，准备好的食物会恭敬地供奉给活佛和随行人员。而在客厅里，参与准备这次活动的本村牧民，以及一部分外来的客人，如笔者本人，也可以享受到准备好的米饭和炒菜以及摆放在桌上的酸奶、苹果、橘子、猕猴桃及各种饮料。

灌顶供仪式完成后，活佛及其随从人员在下午离开，村里每户有车牧民都自愿驾车前去护送活佛。浩浩荡荡的一列车队，甚是壮观。这代表着这次仪式活动的重要部分圆满结束。

灌顶供仪式结束后，还包含了供养物的回赠。回赠的物品一般是仪式期间准备好的，余下的食材。回赠者以主持仪式的东家为主。如目送活佛离开后，留下的一部分牧民回到举行仪式的东家客厅中。这时，负责接待这次仪式活动的东家媳妇R从柜子高处拿出一精致瓷碗，里面盛满上好的酸奶。R说，

---

① 一种藏族传统食品。

这是刚才敬给活佛的酸奶。坐在一边的老爷爷 Q 应声道："给我分享一小口活佛碗中的酸奶，会有其啦（ཪྱིན་རླབས /byin.rlabs）"，并且敬畏地伸出自己的手。R 用一干净的汤勺从碗里取出一勺酸奶，倒在了 Q 的手掌中心，用这汤勺，分别给在座的每一位客人都分了一勺酸奶。这种场景中，食物（酸奶）已转换成分享一种共同意识的文化解释（其啦），并且以回赠的方式回归到了参与此次仪式的供奉赠送者。

仪式后的回赠多分布在那些为此次仪式付诸劳力的供奉者中。如仪式结束后的随后几天内，东家 N 分别将一块酥油（5 斤）回赠给在此次仪式活动中负责取水、供水的 $L_{19(2)}$；将一块奶渣蛋糕回赠给负责此次煨仪礼的 $A_{4(2)}$。就此，剩余的供奉食品均以类似的方式回赠给了大部分参与这次供奉仪式的牧民。

（五）化缘僧人

对佛法僧三宝的供养，视为是一种善念和善行，有无量功德，这在许多佛教经论中都有明示。僧人作为三宝之一自然成为供奉的良田。对化缘僧人的赠予也是一项自愿的供养行为。前来化缘的僧人着僧装，每到一家只要报上自己所属寺院名，村民都会供奉奶渣、酥油或者现金。这些化缘的僧人或者尼姑多来自 S 村附近的寺院，拉入寺（ལྷ་རི་དགོན /lha.ri.dgon）、徐达（ཤུག་ལྟག་དགོན /shug.ltag.dgon）、阿扎寺（ཨ་རྩ་དགོན /a.rtsa.dgon）、措果寺（མཚོ་མགོ་དགོན /mtsho.mgo.dgon）①、百户寺（བི་གུ་དགོན /bi.gu.dgon）。在访谈的数据中，81% 的牧户都提到了每年赠送给化缘僧人或者化缘尼姑的供养开支。仅以一年为例，S 村的牧户在这一项的现金支出共计 9440 元，供养的酥油折合市价为 17790 元，酥油折合市价为 3692.5 元。如表 8-6 所示，饲养牲畜的牧户多以供奉奶渣和酥油为主，占 16 户，有畜户中有 2 户则供奉了现金，一户有畜户不但供奉了现金同时也供奉了奶渣和酥油，有一户的数据不是很明确是否实施过供奉；在没有牲畜的牧户当中则以供奉现金为主占 29 户，没有牲畜的一户则近供养额酥油和奶渣，另一户在同样供养现金的同时也供奉了奶渣和酥油。有四户表示没有过对化缘僧人的供养，这四户中，$Z_{5(1)}$ 特意提到，"化缘僧人知道我家的经济条件不好，

---

① 尼姑寺。

这两年都没来我家化缘。"$D_{10(2)}$ 那段时间住在自己母亲 $G_{10(1)}$ 家中，因为母亲家给了供养，所以没有再特意以自己的名义为化缘僧人供养过，$Z_{11(1)}$ 和 $Z_{11(3)}$ 为零供养的原因分析见上。

今天我们在 W 爷爷家访谈，很幸运的是爷爷还留我们共进午餐。正在用餐，院子里的狗在吼叫，W 看了一下院门口，对旁边的家人说道："是化缘僧人，赶紧请他进来。"一位身着绛红色僧衣的僧人走进来，这是一位近 70 岁的老者，眼神中透露着修行人的淡定和睿智，有着和普通人不一样的神情，衣服被太阳晒得褪去了颜色，但干干净净。W 让这位僧人在上座坐下，为这位僧人呈上了一杯酥油茶和热腾腾的午饭。W 的妻子将供奉给化缘僧人的酥油和奶渣装在僧人刚才背着的袋子中。我也取出 300 元供奉给了僧人。过了片刻，僧人对我说："要修心，管住自己的心很重要。心之外的东西有的可以控制，有的可以获得，唯独自己的心不好控制。"我注意到 W 和他的家人也在专注地聆听。(田野笔记)

(六)诵经

诵经祈福是村民们每一年自愿例行的祈福经事行为，赠送给寺院的现金，或食材供奉给寺院里的僧人，祈请诵读甘珠尔（བཀའ་འགྱུར/bkav.vgyur）获得一年一度的诵经祈福。S 村的牧户以供奉现金为主，占总户数的 69%，即供奉现金同时也供奉米、面、砖茶及酥油①的占 24%，只供奉米、面、砖茶及酥油的占 7%。如果将供奉的这些食材折合为市价约有 4563 元，供奉的现金约有 15200 元，S 村为诵经祈福所供奉的总金额约为 19773 元。如表 8-7 所示，

表 8-6 供养化缘僧人/化缘尼姑

	现金	酥油/奶渣	现金/酥油/奶渣	未供养
有畜户	2	16	1	1(?)
无畜户	29	1	1	4

---

① 这种酥油指市面上出售的从植物提炼的植物酥油，一般用于点酥油灯。

表 8-7												供奉诵经祈福		
供奉额度（元）	1020	1000												
户数	1	3												
供奉额度（元）	860	680	630	560	500	460	400	360	300	260	250	200	133	130	100
户数	1	1	1	1	10	3	1	3	7	1	1	11	1	1	1
供奉额度（元）	50	0												
户数	1	6												

80% 的户数其供奉额度分布在 100—860 元，13% 的户数其供奉额度在 50 元及无供奉，7% 的户数其供奉额度则在 1000—1020 元。其中，供奉总额最多的家庭 $G_{10(1)}$ 达 1020 元，其供奉的现金为 500 元，供奉的食材折合成市价有 520 元。其次，有 3 户的供奉总额为 1000 元，这 3 户均以现金为供奉实体，其中 $G_{9(1)}$ 在诵经这一项的开支占其宗教开支总额的 22%。有 6 户人家在诵经布施这一项为零支出，除了 $Z_{11(1)}$ 和 $Z_{11(3)}$ 的原因分析如上，其他 4 家都明确表示没有实施过诵经布施。

（七）丧葬

丧葬期间涉及一系列为亡者诵经的仪式，以及为亡者去寺院祈福的仪式。家庭 $G_{1(3)}$ 是访谈期间唯一涉及丧葬经事的家庭，该家庭在这一项的支出为 12500 元，占其宗教总开支的 70%。其中《解脱经》（ཐར་མདོ /thar.mdo）支出 2500 元，其他相关开支约为 10000 元。逝者的家庭会在七七期间，尤其是一七时收到邻里赠予的点灯布施（མཆོད་མེ་ཞལ་འདེབས /mchod.me.zhal.vdebs）。S 村的邻里布施给 G 家的现金约有 10700 元，酥油折合为市价约有 1616 元。很多家庭表示未能在七七期间看望逝者家人并布施，因为那段时间刚好是采挖虫草期间。

（八）下施乞丐

下施的缘由，塔波拉杰·琐南仁钦 [1]（དྭགས་པོ་ལྷ་རྗེ་བསོད་ནམས་རིན་ཆེན /dwags.po.lha.rje.

---

[1] 塔波拉杰·琐南仁钦（1079—1153 年）：宋代西藏著名佛学家，噶举派的一代大师。著有《解脱道庄严论》。张怡荪：《藏汉大辞典》（上册），民族出版社 2015 年版，第 1312 页。

bsod.nams.rin.chen）的解释如下：没有积布施之资粮的人必会常受贫穷的苦难，来世将转为饿鬼，即便生为人也会受尽贫瘠之苦。

布施分为财施、法施和无畏施三种，这是密宗解释系统中"三昧耶戒"中最主要的部分。在牧民的日常生活中，财施可能最为常见。"财施又包括普通布施、广大布施和极大布施三种。普通布施指包括一把茶叶、一碗青稞以上的财务施舍给其他众生。"财施中对乞丐等弱势群体的布施则称之为下布施。下布施中，又分为几种场景（术语中称为"度"）。这几种场景中，强调了布施者、所施之物、布施对镜之间的不同关系。如持戒度是针对不布施劣质物，而是布施自己所享用的饮食；安忍度则强调乞丐即便几次三番索求，布施者也不恼不怒；精进度是针对不顾及辛苦劳累，及时地给予布施；静虑度则指专心布施，不散他出。智慧度则是对布施者、所施之物和布施对镜的空性认识度。[①]

对乞丐的施舍正如大卫·格雷贝尔（David Graeber）指出的"当双方处于一种不平等关系时，物品的赠予是不会产生互惠的。如当某人A给乞丐B施舍钱或者物品后，他并不会从乞丐B那里得到相应的回赠。相反，当A再次遇到B时，因为这种不平等关系，乞丐B会向A再次央求施舍"。（Graeber, 2001:225）[②] 不过，佛教教义则让这种不平等关系通过"赠予"和"资粮回报"的互惠关系建立了平等关系。

S村本村没有行乞者，偶尔前来乞讨者多来自日喀则农区或其他偏远些的牧区。这种情况下，村民们会给前来乞讨的人赠送旧衣服、食物或者现金，其中以现金为主。其他情况中，如牧民们去朝圣期间路遇乞讨者，或是其他场合有行乞者均会实施或多或少的财施。

即便本村中没有行乞者，但这种财施也会针对村中部分弱势群体，如那些年老多病且子女不孝的老人：$C_{1(3)}$说2016年过年前以"过年礼"为名给$G_{1(3)}$赠送过100元。在$C_{1(3)}$对我描述这段赠予场景时，她特意用了"布施"一词。

布施者和行乞者之间也存在微妙的抗拒关系，当布施者所赠予的物与行

---

① 华智仁波切：《大圆满前行》，索达吉堪布译，中国文史出版社2016年版，第248—262页。

② Graeber David, *Toward an Anthropological Theory of Value: The False Coin of Our Own Dreams*, New York: Palgrave, 2001.

乞者所期待的物不相吻合时，行乞者会以其方式表达拒收这种布施。如 $C_{1(3)}$ 和其邻居给前来行乞的几个乞讨者赠送了一袋旧衣服，一些风干的旧牛肉，一点现金。第二天，当 C 路过村子与镇的马路时，却看到那一袋旧衣服被扔在了路边。布施过程中这种抗拒关系的产生，与经济模式的变迁不无关系，旧衣服作为布施的媒介已经不是行乞者所期待的布施物；这种抗拒关系也反映了对于普通信众而言，布施境界的种种分层都具有难以达到的理论高度。

三　供养布施与家庭经济

物质作为供奉或布施的重要载体，经济条件不同的家庭其所赠出的物质会有多有少。佛教的解释体系中针对不同经济条件的个体或者家庭，最为强调的是其"发心"，而不以供奉或者布施的多寡为取向。如"要供养，要积累资粮，不见得非要很多的钱。相反，恭敬心、清净心是最重要的……只要心不吝啬，不论供什么、供多少，都是好的。供佛、供僧、捐款建经堂，只要有心供养，就有无量功德"。[①] 如对于经济条件一般的家庭，可能不会参与每个供养场景，而会选择某个特定的仪式场景赠予其供养。如 $Q_{9(1)}$ 年收入仅为 53000 元，其房屋较之其他牧户的房屋显得极其简陋，平常摆放在家中的贡品 [②] 也极为简单。但其修建佛塔的供养（44%）和诵经供养（22%）占其宗教总开支比例最高。

类似经济条件相对拮据的家庭，其供养的次数及额度均不如经济条件宽裕的家庭。例如，在访谈家庭收入数据时，有几个经济较为拮据的家庭视访谈者为可能带来潜在福利收入的倾诉对象，所以在描述其消费开支和收入情况时，数据落差极大，如 $D_{19(1)}$。有趣的是，在描述其信仰礼仪开支时，$D_{19(1)}$ 所提供的数据却较符合其经济状况（信仰礼仪年开支为 2635 元），没有呈现出夸张之谈。同例，$No.6_{(3)}$ 家在描述非信仰礼仪的开支时，也夸大其消费支出数据：仅购买水果一项，其回答为每次购买近 100 元，每月购买 20 多次。这项花费远远高于那些家庭收入高于 $No.6_{(3)}$ 的家庭。但在描述其信仰礼仪开

---

① 索达吉堪布：《大圆满前行：加行教材⑥》，慈悲文化中心监制，第 300、306 页。
② 日常的贡品包括五供：鲜花、熏香、酥油灯、香水、神馐。

支时，数据比例则比较接近其家庭经济情况，仅为 2400 元。显然，访谈者在谈到信仰礼仪的供奉和布施行为时，都表现出了相对坦诚的心理。对这类供奉次数及额度相对少的家庭，其他村民对此却有着不同的解释："类似这种家庭的经济情况，正因为他们的信仰不够虔诚，没有多少供奉，所以才会导致家庭如此落魄。"

有关这种供养和布施行为的解释，凯瑟琳·波维（Katherine Bowie）在信仰小乘佛教的泰国农村的研究，指出不能纯粹以宗教信仰的角度进行解释。她提出了经济条件不同所造成的阶级分化在很大程度上影响着不同家庭的供奉及布施行为。例如，波维指出那些经济贫瘠的农民对乞丐的布施较之那些富有的农民群体更为普遍。波维对这一现象的研究则借用詹姆斯·斯科特（James Scott）的观点指出贫穷农民之所以如此是借这种"隐含"的表达方式表达对富者的不满，也借以佛教的教义减轻今世的苦难[①]。虽然，在 S 村的田野中没有发现经济拮据的家庭布施的支出多于经济优越的家庭，但从所收集的资料来看，经济条件的不同确实对信仰礼仪的供养程度（次数及额度）有着直接的影响。

---

① Bowie Katherine, "The Alchemy of Charity: of class and Buddhism in Northern Thailand", *American Anthropologist,* Vol.100, No.2, pp.475–477, 1998.

第九章

结　论

喜马拉雅山脉

你弯曲的脊背反射着雪的光芒

巨大的影子笼盖着田野

夜晚降临

天和地浑然一体，我躺在帐篷

发现卷缩的身体小过牧羊人眸子里的一粒尘埃

　　　　　　　　　　　　　　　　　　——贺中

人类学学者在研究他者社区或者本土社区时，应该发掘人类社会的某一共性，同时应该发现其典型性。亦如理解礼物交换现象中最本质的问题是去看通过礼物所表达的人类情感的共性以及其特有的独特性[1]。S村的礼物交换即以其互惠功能、社会关系的构建显示了人类社会的共性；同时，又因其畜牧经济模式中的礼物交换及特有的文化习性构建着畜牧社区特有的社会机制。

人类学对礼物交换的研究涉及了很多方面，最广为论述的不外乎两个方面：礼物之互惠的原因，以及人类的这种交换模式与社会组织的关系：从发生在"库拉圈"中建立社会威望及长远友好关系的互惠原因[2]；携带送礼者精神特质的"豪"而使得收礼者必须回赠礼物的非物质化特质的互惠机制[3]；或以"礼—债"关系视角的礼物之回赠[4]；或者那些被植入"仪式化知识"之礼物的不可让渡性[5]；或"檀施"（*Dāna*）之礼中的礼之可让渡性[6]；由此在不同文化生境中展开了各种文化形态的具体互惠方式以及互惠产生的不同社会组织形态及之间的互动关系[7]。

一　礼物之互惠

以家庭为生产单位的传统经济模式时期，S村的礼物流通以建立长远的友好关系成为其互惠的主要原因。这种情形在亲系链以及"如哇"的社会组织中更为频繁和常态化。同时，在盐粮交换的过程中存在着非常显见的"礼—债"式的互惠流通，这种"礼—债"关系建立在参与者的信誉上。

当这种经济模式由集体化的畜牧劳作模式取代，城镇居民及国家代理人

---

① ［美］闫云翔：《礼物的流动：一个中国村庄中的互惠原则与社会网络》，李方春、刘瑜译，上海人民出版社2000年版，第209页。

② Malinowski Bronislaw, *Argonauts of the Western Pacific: An Account of Native Enterprise and Adventure in the Archipelagos of Melanesian New Guinea*, London: Routledge & Kegan Paul, 1922.

③ Mauss Marcel, *The Gift: Forms and Functions of Exchange in Archaic Societies* [Essai sur le don, Paris, 1925], Glencoe, IL: Free Press, 1954.

④ Gregory Chris, *Gift and Commodities*, London: Academic Press, 1982.

⑤ Annette B. Weiner, Inalienalbe Possessions: The Paradox of Keeping-While-Giving, California: University of California Press, 1992.

⑥ Parry Jonathan, "The Gift, the Indian Gift and the 'Indian Gift'", *Man*, Vol.21,No.3,p.467, 1986.

⑦ Sahlins Marshall, *Stone Age Economics*, New York: Aldine de Gruyter,1972.

因资源掌握的渠道和便捷度与归属在农村区域的牧民有着资源掌握上的区别。于是，在这两个群体之间礼物流通以隐退在私人空间内的方式交换着稀缺物资。这个时期，代表传统习俗的各种仪式隐退于公共场合，故而伴随和衬托着这些习俗的礼物交换也从公共习俗的展现中消逝。

当集体经济退出历史舞台，家庭再一次作为社会最基本的生产单位，S村的牧民开始了其作为市场化商品消费群体的时期。可以说，自市场经济开始尤其是虫草作为高利润回报的一种商品，S村牧民的商品购买力逐渐上升。这极大地丰富了畜牧社会中礼物载体的种类，从购买的商品以及现金如同自产的畜产品一样在礼物交换中扮演着同等重要且频繁的角色。

在这种交换流通中，S村的礼物互惠机制延续着传统"如哇"组织时期的特点。如第七章所提到的以建立亲系圈内长远亲密关系的日常性互惠，以及不同亲系之间长远性互助的互惠机制。同时，中国共产党领导的西藏民主改革，彻底废除了封建农奴制度①，改革开放后牧民购买力的增加，使越来越多的普通牧户有着举行各种仪式的经济实力。而中华人民共和国成立初期以及改革开放前30年，举办这些仪式的群体可能仅局限在精英阶层及资源掌握者中。普通牧户活跃的参与到这些仪式化场景的文化原因显然是一种"传统的再利用"②。衬托这些礼仪的礼物流通中，即存在着关系构建的互惠机制，同时也彰显着社会地位及威望的互惠机制。这种互惠行为更多地出现在正式性的礼仪场合中，如娶亲及婚礼以及藏历新年。在S村的语境中，礼物在不同的仪式场景中具备了不可让渡性，或可让渡性。例如，第七章中所提到的婚礼期间所收到的同一礼品的再次赠送交换似乎类似于如美啦尼西亚人和波利尼西亚人般的循环礼物赠送流通；而升学庆典中赠送红包的互惠非常类似于下岬村在回礼时略不同于原先赠礼的现象。

S村的礼物流通中很好地显示了礼物与商品之间的互换性。阿帕杜莱提出人类社会生活中的物质文化角色：物品是具备社会生活的，因为物品被植入了文化的价值并且由社会所创造出来。一种物品可以在不同的文化价值领域停留或者转换。物品存在于文化所构建的结构中，它所意涵的是相互关联且

---

① 王小彬：《关于西藏民主改革的几点思考》，《中国藏学》，2009年第1期（总第85期），第73页。
② ［美］闫云翔：《礼物的流动：一个中国村庄中的互惠原则与社会网络》，李放春、刘瑜译，上海人民出版社2000年版，第230页。

复杂的信息①。托马斯以提倡多样性、地方性和特有性的角度理解和研究物品之交换及其文化解释和社会功能（Thomas，1991）。②③

在 S 村的各种礼物交换流通中，现金以及从市场购买的商品越来越多地成为礼物的主要载体。事实上，由于市场的介入社会关系的远近在一种潜移默化和"潜认可"式的模式中，在以商品的价值在衡量。如血缘的直系关系和亲近关系之间总会赠送较之与其他关系更多的现金及购买来的商品。而回赠也在以同样的方式完成。闫云翔提到了西方圣诞节期间礼物赠送有着类似的"赠礼的经济价值完全以关系的感情程度来衡量"（闫云翔，2000）④。与闫云翔所要强调的"礼物之情感"面不同，S 村的经济模式植入现金及商品后，礼物交换却以一种量化的形态出现。虽然，不可否认社会关系中的情感决定着礼物的价值；反过来，礼物的价值映射着社会关系的远近。

二 仪式之转变

礼的交换总是在这样或者那样的仪式场景中发挥着维持、巩固和强化社会关系的功能。如波拉尼所指出，那些小规模社会虽然其生产方式简单，但资源分配的方式却呈现出多样化和丰富性。与之相反，工业化社会的生产方式虽多样化，但其资源分配方式仅以市场交换为主⑤。这种多样化的交换活动在中华人民共和国成立前可能伴随着更多细微、精致的礼节并赋予地方文化的象征性诠释。如中华人民共和国成立之初的盐粮交换伴随着人与盐湖的神圣性交流礼仪；大户之间的婚礼更是由一套完整的礼俗过程完成。例如，东北

① Arjun Appadurai, Introduction: commodities and the politics of value. In Arjun Appadurai(Ed.), *The Social Life of Things: Commodities in Cultural Perspective,* New York: Cambridge University Press, 1986, pp.3−62.

② Thomas Nicholas, *Entangled Objects: Exchange, Material Culture, and Colonialism in the Pacific*, Cambridge, MA: Harvard University Press, 1991.

③ Linnekin Jocelyn, "Entangled Objects: Exchange, Material Culture, and Colonialism in the Pacific by Nicholas Thomas", *The International History Review*, Vol.15, No.2, 1991, pp.353−355.

④ ［美］闫云翔：《礼物的流动：一个中国村庄中的互惠原则与社会网络》，李方春、刘瑜译，上海人民出版社 2000 年版，第 214 页。

⑤ Layton Rober, *An Introduction to theory in anthropology*, Cambridge: Cambridge University Press, 1997, p.100.

下岬村的社会场景类似，在 20 世纪 60 年代到 70 年代期间，这些地方习俗隐退于国家权力的干涉中，然而即便在受政治气氛影响的时期，人类最基本的交换活动也在私人的场景（private space）中悄悄进行着。如在第三章中所提到的人民公社时期牧民与其干部亲戚之间稀缺物资的交换。而一旦客观条件允许，各种交换活动在传统的仪礼或者借用的仪礼中展开，如娶亲与婚礼及新年庆典。这些传统礼仪在 S 村并没有显现出如一些老人描述的传统中的精致和系统化的再现，这可能与 S 村落的历史沿革有关：S 村的形成始于合作社时期，故一些传统的仪式如八十大寿庆典、赛马节期间村落本土的仪式并未如其他历史悠久的村落般根植在村落的历史记忆而成为一种正式性的社会参与仪式。这点导致了 S 村中熟知这些礼仪知识的老者缺失了分享其记忆知识，以及这些知识被实践的人文空间。即便如此，S 村在借用一些新的仪式如乔迁新居、升学庆典的正式性仪式构建其村落关系。亦如科恩（Cohen）所述：仪式的内容可以"跨越符号的边界，将自己的文化意义植入新的符号中"借以表达[①]。

三　礼物流与社会关系构建

社会主义平等化

　　S 村礼物交换的内容和范围的转变反映着西藏畜牧村落"社会主义平等化"[②]的实现。如第三章所述，中华人民共和国成立前对于普通牧户而言礼物交换的内容可能是自产的一些畜产品，邀请的范围常常仅限于同一个"如哇"。与之不同的是，大的牧户家在其礼物交换流中则可能包含有较为丰富的一些稀缺资源。西藏和平解放、生产资料的重新分配以及社会阶层的重构使那些曾经贫困的普通牧户不但拥有了稀缺资源而且成为受尊敬的社会精英。公社时期，这些普通牧户中的一部分成为国家干部从而可以享用到米、面和粮票。此时，稀缺资源的交换便可能发生在旧有的大牧户和这些新的精英之间。

---

① Cohen Anthony, *The Symbolic Construction of Community*, London & New York: Chichester, 1985, p.37.
② ［美］阎云翔：《礼物的流动：一个中国村庄中的互惠原则与社会网络》，李方春、刘瑜译，上海人民出版社 2000 年版，第 227 页。

改革开放后，市场经济使得牧民更活跃地介入了商品消费中。这打破了改革开放前 30 多年物资缺乏所造成的某种群体分层。如可以享受稀缺资源的城镇居民与规划在农村群体中的牧民群体。S 村中礼物的回赠方式显示出了牧民现金收入的增加在如何打破以往牧民与城市收入人群之间的界限。$Q_{15(1)}$ 是一位道班工作者，丈夫在单位就职。Q 与 S 村中其他牧民的区别在于，她和丈夫有稳定但可能不是很高的工资收入。为了便于照顾住在村里的高龄母亲，她一般都会住在村里。当谈到礼物回赠时，Q 低声告诉我："现在的牧民不比以往，生活条件好，所以回赠的礼物也不能将就。回赠时，必须是些上档次的且能让收礼者喜欢的物品。"而 $G_{9(2)}$ 的一段回答则更直接地表达了城乡边界的重构："公社时期，很羡慕那些干部，因为他们是为国家工作的城里人，所以可以吃到大米、清油和其他物品。但是，现在我们的现金收入使得我们可以和干部一样从市场上购买任何物品。如果虫草收入好，我们的现金收入可能比那些干部还好。我们和城里人差不多，也不再羡慕他们了（笑）。"

牧民身份群体转换

礼物内容的多样化及各种仪礼的"传统的再利用"也呈现着牧民群体身份的转换。传统定义上的"牧民"是以牲畜产品的自给自足为其重要经济模式，通过以物易物的方式与农作物生产者和流动商队的边界互动获得稀缺物资的一个特定群体。如 20 世纪 50 年代前，普通牧户日常的经济生活模式以牲畜产品的自给自足为主，虽然以货币为媒介的交换市场也存在，但并不占主导地位。其他资源如虫草、贝母作为藏医的药材仅可能被少量的采摘，但没有市场化，也不是物物交换的成品。以物易物的交换模式是牧民与他者互动的重要方式，由此获取本地资源无法提供的其他消费品。这种互动形成了他者（定居点居民、流动商队的商人）构建牧民群体身份的一种重要视角。

集体经济时期，传统的游牧生计方式由定居方式取代，经济模式亦由集体主义时代的集体经济取代[①]，这使牧民群体与他者的边界互动也产生了变化。

---

① 郝时远、奥赛·卡拉斯·扎洛：《当代中国游牧业：政策与实践》，社会科学文献出版社 2013 年版，《前言》第 2 页。

国家视野下，牧民群体与农民等同涵盖在农村群体中，这使这一时期牧民的身份认同之一来自公社与国家，城镇与农村的边界互动。20 世纪 80 年代以前，牧民与市场的边界互动尚不活跃，故稀缺物资的交换或以货币，或以"礼物"礼仪 ① 的物物交换建构着城镇与农村（牧民群体）的边界。

20 世纪 80 年代之后的牧民群体则成为货币市场中的消费群体之一。牧民们虽仍然以草场和牲畜为重要的生产资源，但多样化消费品的获得则是通过现金获取，在 S 村占据现金收入最大比例的并非畜产品。虫草，已成为牧民们低成本高收益的现金收入来源，这决定了牧民们所具备的现金购买力，这种购买力则决定了牧民与市场互动的活跃度，以及礼物内容的丰富化和参与各种礼物流仪礼的主动性和活跃度。

虽然活跃的购买力使得 S 村的牧民告别了自己加工成品的时代，饮食结构也呈多元化，各种从市场购买的成品在礼物馈赠中发挥着越来越重要的作用。但畜产品的消费在每个家庭中仍然占据着其消费支出重要的部分。这即意味着家庭现金流的很大一部分支付着畜产品消费，同时也折射着畜产品仍然作为牧民重要的消费品依旧成为礼物交换流通中重要的载体。例如在食物分享的场景以及各种礼物馈赠的仪礼中，自产的畜产品作为礼物显得重要而不可或缺。这反映了牧民群体的身份既是自产畜产品的一个群体，同时又是市场商品的一个消费群体。

延续的社会支持功能

马林诺夫斯基和莫斯认为在那些非商业社会中的礼物交换行为不但具备了资源再分配的功能，同时也具备了亲系、宗教和政治的文化功能，它们之间彼此互动相互影响 ②。亦如萨林斯所提出的，在那些以家庭为主要生产单位的社会中，亲系是组成这些社会的主要结构，亲系关系的远近既决定着互惠方式同时也直接影响着个体及家庭获得社会支持的方式 ③。这也可以解释，礼

---

① 白玛措：《牧民的礼物世界》，《中国藏学》2015 年第 4 期。

② Parry Jonathan, "The Gift, the Indian Gift and the 'Indian Gift'", *Man*, Vol. 21, No.3, pp.466–469, 1986.

③ Sahlins Marshall, *Stone Age Economics*, New York: Aldine de Gruyter, 1972.

物交换和互惠在人类社会组织中依旧发挥其重要作用的原因之一。这种帮助和支持既是一种情感归属感所带来的安全性，也是通过物质资源的分享、赠予和回赠所延伸出的一系列互惠行为。事实上，礼物交换及互惠行为的各种网络关系在基层社会，至少在牧区社会，扮演着类似于微社会中的"社会支持"功能。这种"社会支持"功能使社会个体在其每一天的生活中通过资源分享的途径，经由其建立起的各种网络关系中获得。就如在 S 村，食物分享依旧发挥着其重要的社会功能。分享的食物从过去的单一性畜产品，多以自己加工而成的食品，变革为现在的多样化成品。其中，过年的饮品不再是青稞酒，而被各式碳酸饮料所取代。过年期间，所能呈现碳酸饮料的种类到数量甚至表达着类似"夸富宴"似的经济实力和好客程度。如果说食物分享是一种实物性质的互惠，那么存在于亲系和邻里之间的互助则是非实物性质的互惠。由几个不同的亲系链所形成的类似于传统的"如哇"组织依旧发挥着其重要的社会互助功能。

牧民社会组织变迁

S 村经济模式的变化以及礼物如何在一种新的语境下流动，反映着牧民社会组织的变迁过程。藏区牧民社会从传统的几代同堂占主要比例逐渐在向以两代或者一代同堂的家庭结构发展。几代组成的扩大家庭在传统的以畜牧经济占主导地位时能发挥其独特的社会组织及经济劳作功能，而当畜牧经济逐渐与其他经济方式融合时，如虫草所带来的丰厚现金收入，传统畜牧社会的组织结构也在慢慢重构。这种变化既是观念引导的，更是经济结构变化的产物。社会组织的这种变迁也伴随着跨地域的婚姻、亲系链所覆盖地域的扩大[①]。亲系链覆盖区域的扩大化反映在个体牧户如何以其殷实的经济实力建立并扩大化自己的多元社会关系。20 世纪 50 年代以前，一个普通的牧户建立新家庭，举行庆祝仪式时，仅会邀请要好的亲戚。而现在这种乔迁新居的庆祝仪式不但会邀请村中所有牧户，还会邀请非本村的亲戚、朋友，甚至跨区域

---

① 白玛措：《乡土文化之藏区牧民社会组织变迁研究——以西藏那曲嘉黎县为例》，《西藏大学学报》2014 年第 3 期，第 127—134 页。

的关系圈。

传统畜牧社会组织结构的重构也在冲击着建立在传统理念上对家庭对老者的支持功能。如消费主义冲击下，一部分新生代的年轻牧民逐渐不受制于家长的权力。他们一方面排斥从家庭长者那里继承牧业劳作方式，用虫草现金收入支付着其所追逐的城镇消遣性生活；另一方面却又无法步入城镇的竞争职业中以支付其生活理念。这部分新生代的年轻牧民是游离在畜牧社区和城镇之间的一群边缘人。汉佛莱（Humphrey）和斯尼斯（Sneath）在其论著《游牧的终结？》一书中也提到过相同的情形①。令人伤感的是，传统理念被冲击的代价不得不由牧区村落中的一部分老人承受，而这些已丧失劳动力和经济竞争力的牧人则成为另一群被边缘化的弱势群体。

共同记忆

佛事活动的参与是村民构建认同感和文化共同记忆的一种自愿自发的集体行为。所有前来参加的牧民都会虔诚地完成仪式的每一个环节。活佛讲经祈福过程中，村中老小都会参加。村中年长的老人们聆听的神情最为专注，中年人群的神情也都极为认真。灌顶供仪式的重要性除了供奉的赠送行为，村民也在通过服饰来表达其敬畏感、庄重感和身份认同，这一过程就是在认同这一仪式的过程中构筑的文化共同记忆。例如，前去参加活动期间，村里的老少几乎全都换上了过年穿的崭新藏族服饰，没有穿藏族服装的儿童也穿着崭新的儿童服装；$Z_{11(3)}$ 及其老公还有儿子都穿上崭新干净的藏服，小女儿也换了一套干净的便装。在活佛诵经祈福活动期间，就连腿脚不便，家境较为贫困的 $Z_{5(1)}$ 也换上了过年时穿的藏装。

S 村的场景如同西藏其他畜牧社区一样，本土经济模式的变迁不仅仅伴随着收入及消费模式的重构，同时伴随着对本土畜牧文化认同的边缘化和模糊化。如刘邵华所描述，众多边缘族群在逐步被卷入现代化漩涡的过程中，在步入主流之时也是他们愈加边缘化之时②。

---

① Humphrey Caroline & Sneath David, *The End of Nomadism? Society, State and the Environment in Inner Asia*, The United States: Duke University Press, 1999.
② 刘邵华：《我的凉山兄弟：毒品、艾滋与流动青年》，中央编译出版社 2016 年版，第 279 页。

S 村的礼物交换体系作为牧民礼物世界的一个缩影，反映着一个社区如何在与外界不断互动的过程中发生着变迁和重构。通过礼物交换的视角，可以看到这种变迁和重构是社区自身具有的一种不断调整和适应的社会机制，以达到弗雷德·巴斯所提出的社会组织自身最适宜的状态——"小生境"（social niche）[①]。本书所描述的 S 村的礼物世界仅能反映村落自身不断调整和适应的一个场景，S 村的礼物礼仪以及其社会组织结构仍将以不断变迁和重构的方式存在，然而礼物交换作为人类社会最基本的一种交换及交流方式会依旧扮演着极其重要的角色。

---

① Barth Fredrik, *Process and From in Social Life.* Selected essays of Fredrik Barth: Vol. I, London: Routledge & Kegan Paul Ltd., 1981.

附录一：主干家庭谱系表

主干家庭一

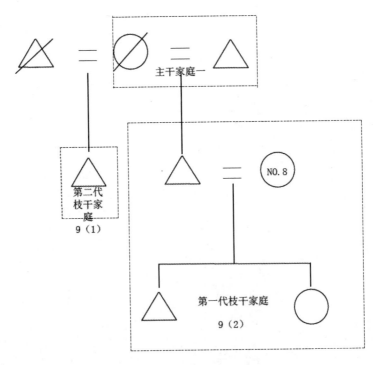

注：主干家庭一是由同母异父的兄弟俩形成的第一代和第二代枝干家庭。

主干家庭二

2\20

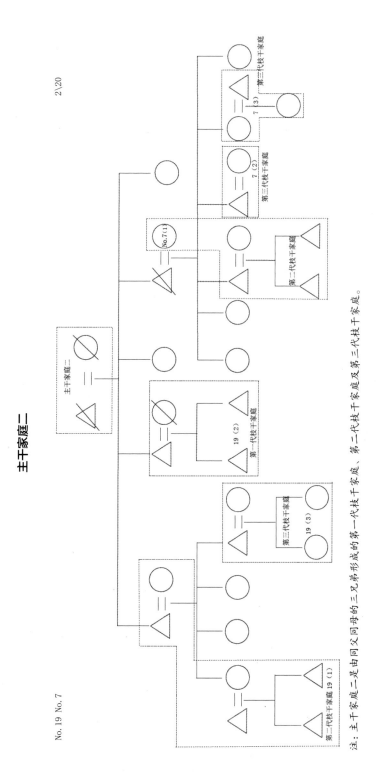

注：主干家庭二是由同父同母的三兄弟形成的第一代枝干家庭、第二代枝干家庭及第三代枝干家庭。

主干家庭三

No. 2 (2). 4 (2)　1C (2)

3\20

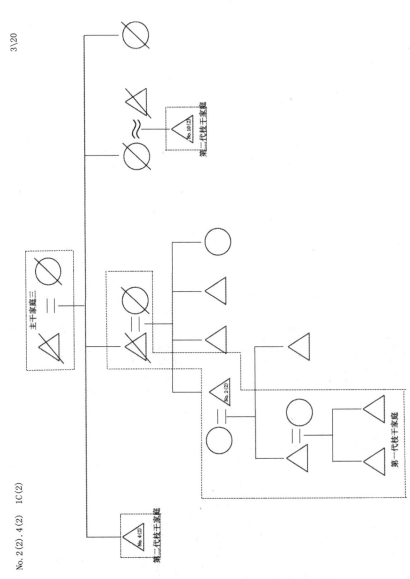

注：主干家庭三是由同父同母的兄弟俩和姐妹俩形成的第一代枝干家庭和第二代枝干家庭。

主干家庭四

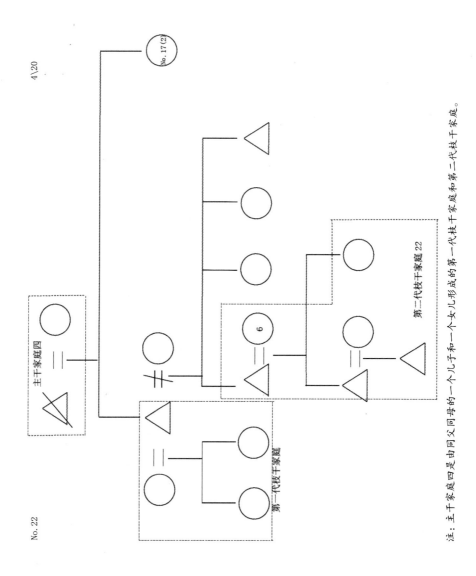

注：主干家庭四是由同父同母的一个儿子和一个女儿形成的第一代枝干家庭和第二代枝干家庭。

159

主干家庭五

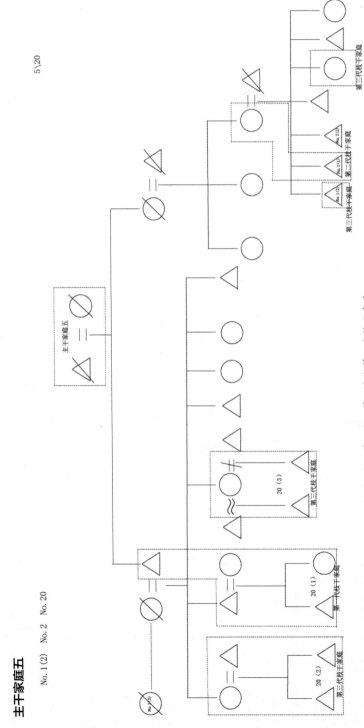

注：主干家庭五是同父同母的一个儿子和一个女儿形成的第一代、第二代和第三代技干家庭。

主干家庭六

No. 13

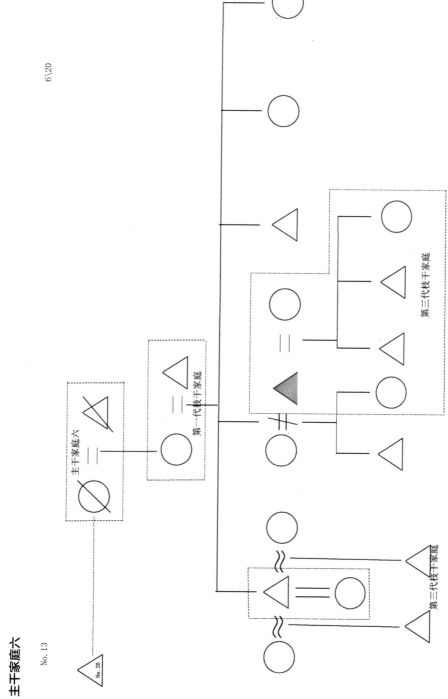

6\20

主干家庭六

第一代枝干家庭

第三代枝干家庭

第三代枝干家庭

注：主干家庭六是由一个独生女形成的第一代、第三代枝干家庭。

主干家庭七

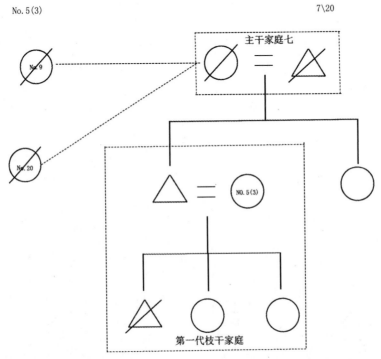

注：主干家庭七是由同父同母的一个女儿和一个儿子，由这个儿子形成的第一代枝干家庭。

主干家庭八

No. 5. b(2)8。 9(2)10. 21

8\20

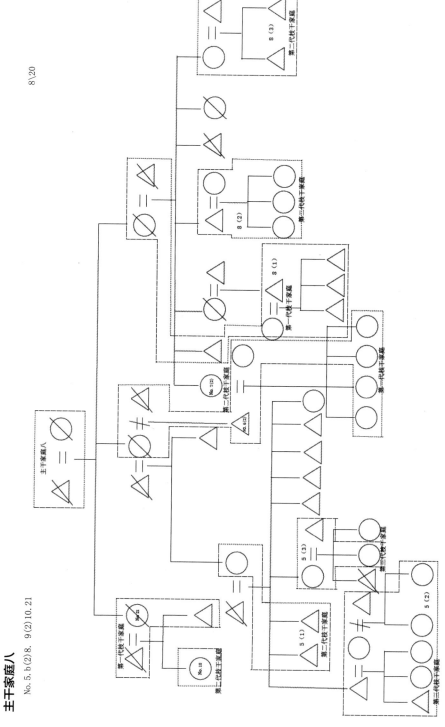

注：主干家庭八是由同父同母的三个姐妹形成的第一代、第二代和第三代枝干家庭。

163

主干家庭九

No. 3

9\20

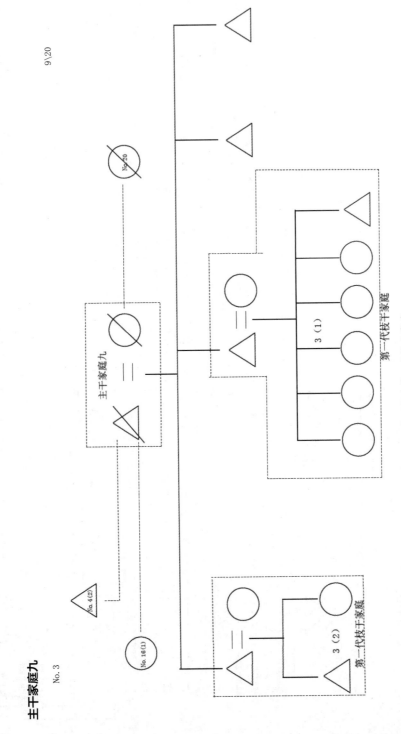

注：主干家庭九是由同父同母的四个兄弟中，其中两个兄弟形成的第一代枝干家庭。

主干家庭十

No. 11

10\20

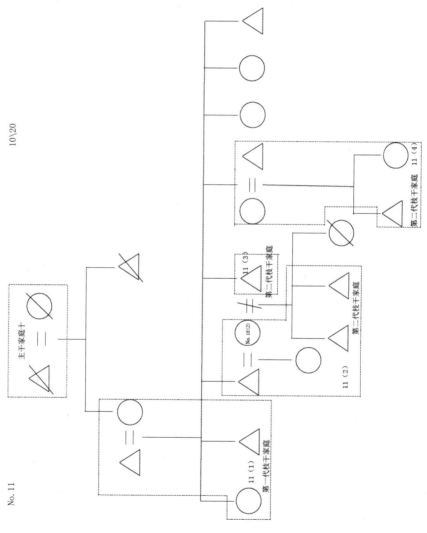

注：主干家庭十是由同父同母的一个儿子和一个女儿，由这个女儿形成的第一代，第二代枝干家庭。

主干家庭十一

No. 14 No. 17

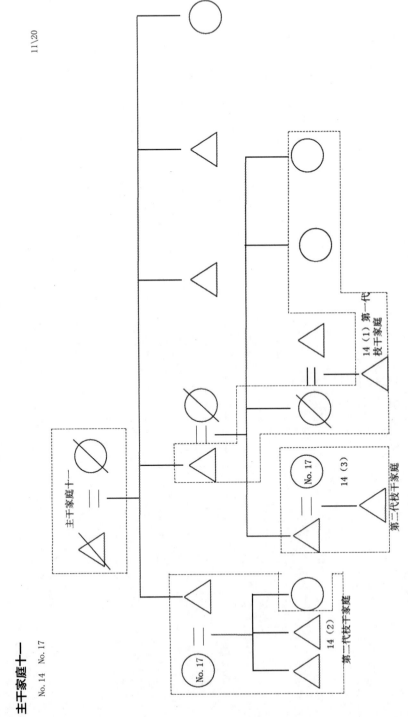

主干家庭十一

主干家庭十一

No. 17

14 (2)

第二代枝干家庭

14 (3)

第二代枝干家庭

No. 17

14 (1)

第一代枝干家庭

第一代

11\20

注：主干家庭十一是由同父同母的4个兄弟和一个女儿形成的第一代、第二代枝干家庭。

166

主干家庭十二

No.17、No.14(2)、14(3) No.4(1)

12\20

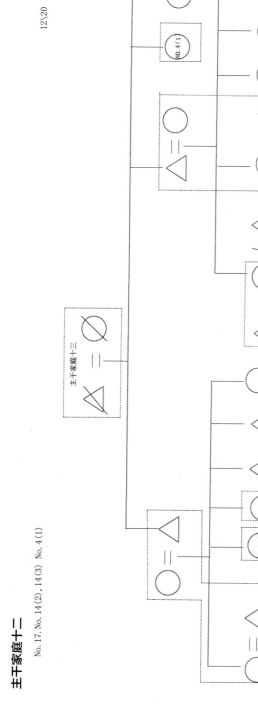

注：主干家庭十二是由同父同母的两个兄弟和两个姐妹，由这两个兄弟形成的第一代、第二代枝干家庭。

主干家庭十三

No. 17, No. 14 (2), 14 (3) No. 4 (1)

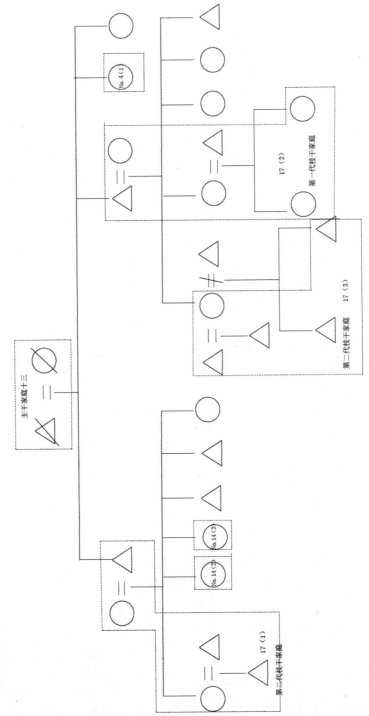

注：主干家庭十三是由同父同母的兄弟俩和姐妹俩，由其中的两兄弟形成的第一代、第二代枝干家庭。

主干家庭十四

No. 4. No. 10(3). No. 17

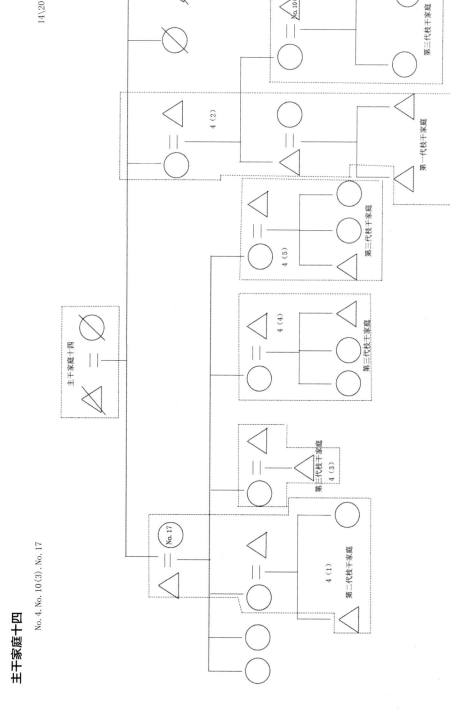

主干家庭十四

14\20

注：主干家庭十四是由同父同母的三个姐妹和一个儿子，由其中的两个姊妹形成的第一代、第二代和第三代枝干家庭。

169

主干家庭十五

No. 16

主干家庭十五

第一代枝干家庭
16（2）

第二代枝干家庭
16（1）

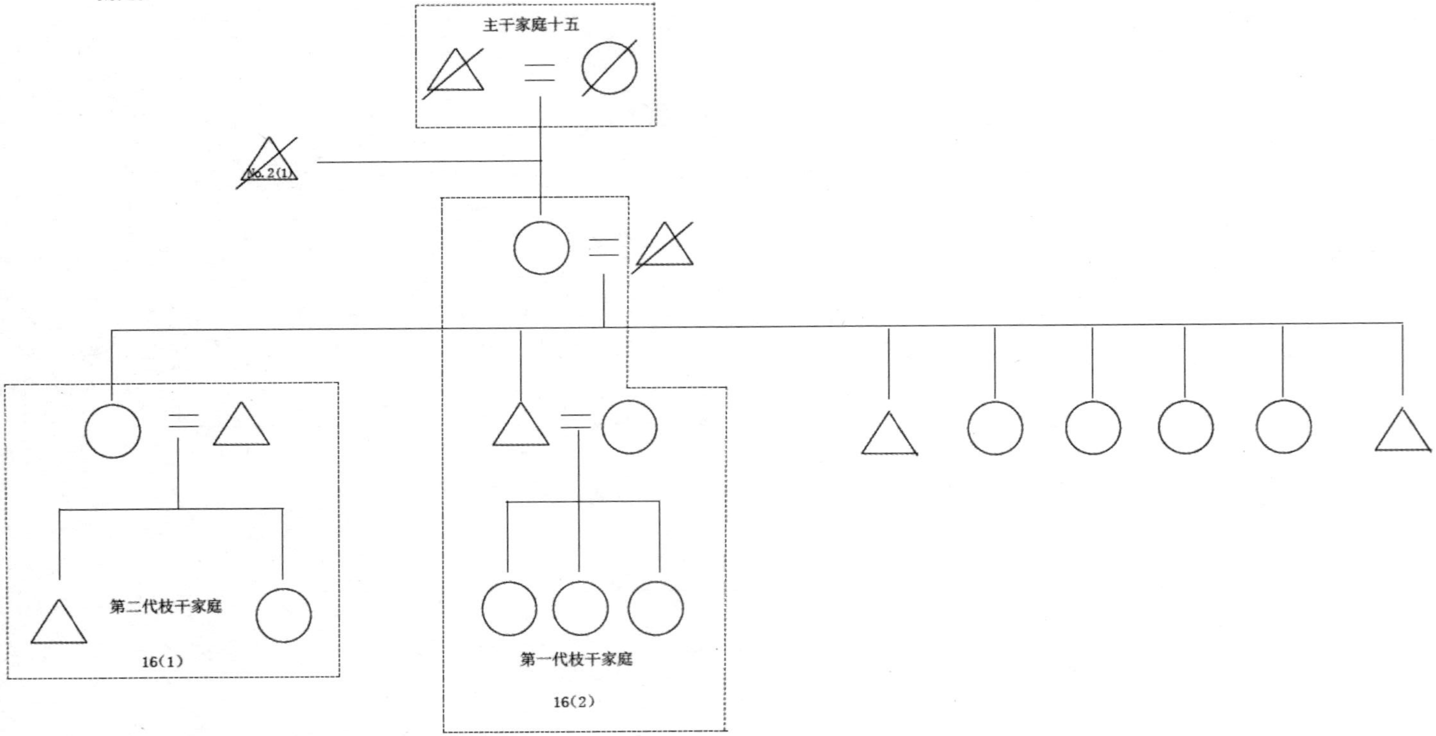

注：主干家庭十五是由一个独生女形成的第一代、第二代枝干家庭。

170

主干家庭十六

No. 6

16\20

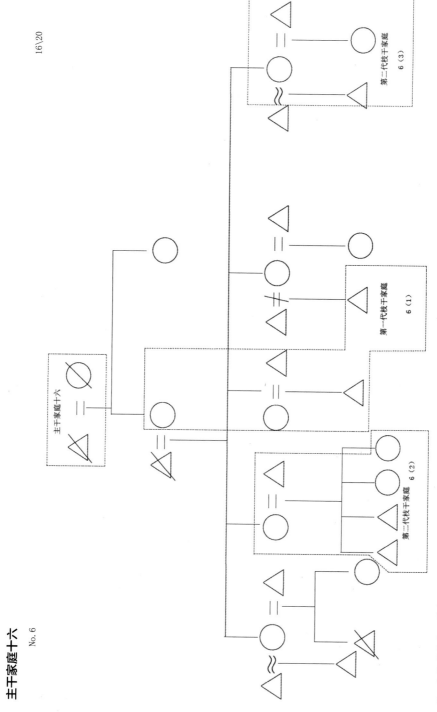

注：主干家庭十六是由同父同母的两女儿，由其中一位女儿形成的第一代、第二代枝干家庭。

171

主干家庭十七

17\20

主干家庭十七

No. 1 (3) 第二代枝干家庭

第二代枝干家庭 2 (1)

第二代枝干家庭 2 (2)

No. 4 (2)

No. 16 (1)

注：主干家庭十七是由一个独生女形成的第二代枝干家庭。

主干家庭十八

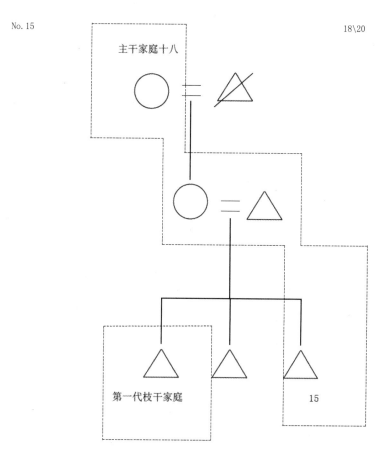

注：主干家庭十八是由同父同母的独生女形成的第一代枝干家庭。

主干家庭十九

No. 18

19\20

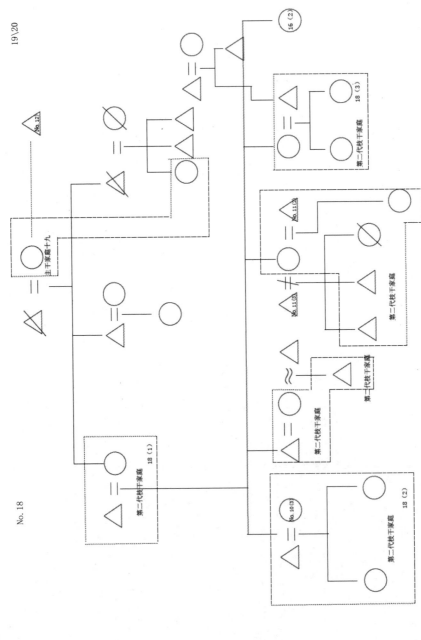

第二代枝干家庭 18 (1)

第二代枝干家庭

第二代枝干家庭

第二代枝干家庭 18 (2)

No. 10(3)

No. 11(3)

No. 11(2)

第二代枝干家庭

第二代枝干家庭 18 (3)

主干家庭十九

No. 12

16 (2)

注：主干家庭十九是由同父同母的二个儿子和一个女儿，由其中一个儿子和该儿女形成的第二代枝干家庭。

主干家庭二十

No. 12

20\20

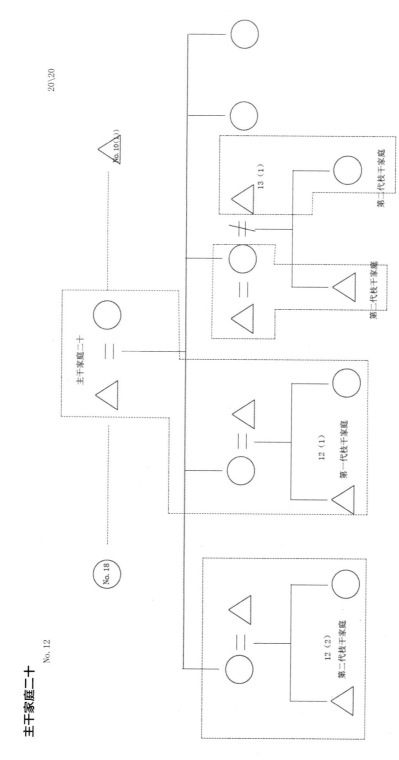

注：主干家庭二十是由同父同母的 5 个女儿中，其中 3 位女儿形成的第一代、第二代枝干家庭。

附录二：译名音译对照表

藏 文	Wylie 转写
འབབ	vbab
པད་མ་ནོར་བུ	pad.ma.nor.bu
སྐལ་བཟང་སྒྲོལ་དཀར	skal.bzang.sgrol.dkar
ཞན་པ	rngan.pa
ལག་རྟགས	lag.rtags
ལོ་ཞོ	lo.zho
ལྷ་རི་རྫོང	lha.ri.rdzong
ལྷ་རི་འགོ	lha.ri.vgo
སྐར་མ	star.ma
ཨར་ཚ	ar.rtsa
དབྱར་ངར	dbyar.ngar
ཨ་ཚ་དགོན་གསང་སྔགས་ཆོས་གླིང	a.rtsa.dgon.gsang.sngags.chos.gling
ཉ་རི	nya.ri
ཚལ་ནག་མཚོ	tshal.nag.mtsho
འཁོར་ལོ་བདེ་མཆོག་གི་གནས་རི	vkhor.lo.bde.mchog.gi.gnas.ri
འཇའ་སྣེ་འཇམ་དབྱངས་བླ་མཚོ	vjav.sne.vjam.dbyangs.bla.mtsho
ཚལ་དཀར་སྤྱན་རས་གཟིགས་ཀྱི་བླ་མཚོ	tshal.dkar.spyan.ras.gzigs.kyi.bla.mtsho
མཚེའུ་དཀར་མཚོ	mtshevu.dkar.mtsho
གསེར་སྟེང་ཁ	gser.steng.kha
ཤར་རླུང་ཀུང་ཧྲེ	shar.rlung.kung.hre
བསྐྱར་རྒྱུད	bskyar.rgyud
ནག་ལྷ་འཛམ་བྷ	nag.lha.vdzam.bha

藏　文	Wylie 转写
བྲག་རྡོལ	brag.rdol
སངས་རྒྱུད	sangs.rgyud
གུང་དཔའ	gung.dpav
རུ་བ	ru.ba
མགོ་བ	mgo.ba
བྱང་སྤྱི	byang.spyi
སྡེ་བ་གཞུང	sde.ba.gzhung
ཨེམ་ཆི	em.chi
གྲོ་མ	gro.ma
ལྷོ་ངོས	lho.ngos
ཕྱུ་བ	phyu.pa
སློག་པ	slog.pa
སྙེ་བོ	snye.bo
མར་ཁལ	mar.khal
འབོ	vbo
སྒྲོ་བ	sgro.ba
ལྡུམ་བུ	ldum.bu
ཇ་པའི་སྐྱ་ལམ	ja.pavi.skya.lam
འཇང་ས་དམ	vjang.sa.dam
ཐུད	thud
སྦྲ་གསོ་མར་ཁུ	sbra.gso.mar.khu
ཟོ་བ	zo.ba
རམ་བུ	ram.bu
བགོ་ཆུང	bgo.chung
བགོ་ཆེན	bgo.chen
དར་བ	dar.ba
གསེར་སྡེང་ཁ	gser.sdeng.kha
ཧོ་གཡེར	ho.gyer
གསེར་སྒོང་ལྕོག	gser.sgong.lcog

藏　文	Wylie 转写
ཧོ་གཡེར་གོང་གསལ་གྲབ	ho.gyer.gong.gsal.grab
སྣར་ཆེན	snar.chen
ཧོ་གཡེར་མར་ལོ	ho.g-yer.mar.lo
སྤྱང་ཚང་རྒས	spyang.tshang.rgas
རྩྭ་བཀག་ཐང	rtswa.bkag.thang
སྤྱང་ཚང་མར་ཁུག	spyang.tshang.mar.khug
སྲེ་མོང་བྲག	sre.mong.brag
རྒྱལ་གདོང་ངར	rgyal.gdong.ngar
བྲག་རྡོལ	brag.rdol
འབུ་སྲུང	vbu.srung
གྲོ་མ	gro.ma
འཛའ་ར	vdzav.ra
བཀའ་འགྱུར་ཀློག་པ	bkav.vgyur.klog.pa
དཀར་བསོད	dkar.bsod
དབང་ཡོན	dbang.yon
ཨ་ནེ་དགོན་པ་བསྐྱར་གསོ	a.ne.dgon.pa.bskyar.gso
མཆོད་རྟེན་བཞེངས་པ	mchod.rten.bzhengs.pa
རྔན་པ	rngan.pa
ལག་རྟགས	lag.rtags
ལེགས་སྐྱེས	legs.skyes
གནང་སྐྱེས	gnang.skyes
རྫོངས་པ	rdzongs.pa
ཕེབས་རྫོང	phebs.rdzong
སྐྱེས་རྫོངས	skyes.rdzongs
སྐལ་རྫོངས	skal. rdzongs
འབུལ་རྫོངས	vbul.rdzongs
རྟེན	rten
སྐྱབས་རྟེན	skyabs.rten
མཇལ་རྟེན	mjal.rten

藏　文	Wylie 转写
ཞུ་རྟེན	zhu.rten
གནང་རྟེན་ནམ་ཡིག་རྟེན	gnang.rten.nam.yig.rten
གཟིགས་པ་གཡོ་རྟེན	gzigs.pa.g-yo.rten
རྟེན་འབུལ	rten.vbul
འབུལ་བ	vbul.ba
འཁྱོས་མ	vkhyos.ma
དྲིན་ཆེན	drin.chen
པང་གདན	pang.gdan
གཞས་པ	gzhas.pa
ཞོ་བླུག	zho.blug
རིམ་བྲོ	rim.bro
སྐུ་ཞབས་ལགས	sku.zhabs.lags
བསོད་ནམས་ཀྱི་ཚོགས	bsod.nams.kyi.tshogs
ཡེ་ཤེས་ཀྱི་ཚོགས	ye.shes.kyi.tshogs
གནས་མཇལ	gnas.mjal
ཨ་ནེའི་དགོན་པ་ཞིག་གསོ	a.nevi.dgon.pa.zhig.gso
མཆོད་རྟེན་བཞེངས་པ	mchod.rten.bzhengs.pa
དབང་ཡོན	dbang.yon
སྐུ་འགྱེད་འབུལ་བ	sku.vgyed.vbul.ba
བཅའ་བ་རིམ་གྲོ་སྒྲུབ་པ	bcav.ba.rim.gro.sgrub.pa
འདས་མཆོད་སྒྲུབ་པ	vdas.mchod.sgrub.pa
བཤགས་སྡོམ	bshags.sdom
མཚམས་མེད་ལྔ	mtshams.med.lnga
མ་ཎི་རྡོ་སྤུངས	ma.ṇi.rdo.spungs
རྟ་མགོ་དགོན	rta.mgo.dgon
ཆོས་ཉིད་རིན་པོ་ཆེ	chos.nyid.rin.po.che
གཡང་འགུགས	g-yang.vgugs
སྤགས་ཚག་མར་ཁུ	spags.tshag.mar.khu
བྱིན་རླབས	byin.rlabs

藏　文	Wylie 转写
ལྷ་རི་དགོན	lha.ri.dgon
ཤུག་ལྟག་དགོན	shug.ltag.dgon
ཨ་རྩ་དགོན	a.rtsa.dgon
མཚོ་མགོ་དགོན	mtsho.mgo.dgon
བི་གུ་དགོན	bi.gu.dgon
བཀའ་འགྱུར	bkav.vgyur
ཐར་མདོ	thar.mdo
མཆོད་མེ་ཞལ་འདེབས	mchod.me.zhal.vdebs
དྭགས་པོ་ལྷ་རྗེ་བསོད་ནམས་རིན་ཆེན	dwags.po.lha.rje.bsod.nams.rin.chen

参考文献

汉文

白玛措：《牧民的礼物世界》，《中国藏学》2015 年第 4 期。

白玛措：《人类学视野的西藏牧区亲系组织及互惠关系：以西藏那曲为实例》，《中国藏学》2012 年第 1 期。

白玛措：《乡土文化之藏区牧民社会组织变迁研究——以西藏那曲嘉黎县为例》，《西藏大学学报》2014 年第 3 期。

陈庆英主编：《中国藏族部落》，中国藏学出版社 1991 年版，第 548 页。

揣振宇、华祖根、蔡曼华：《伟大的起点：新中国民族大调查纪念文集》，中国社会科学出版社 2007 年版。

邓小平：《邓小平文选》（第 2 卷），人民出版社 1994 年版。

多识·洛桑图丹琼排：《爱心中爆发的智慧》，甘肃民族出版社 1998 年版。

付吉力根、尕藏尼玛：《藏传佛教布施现象初探：以拉卜楞寺正月法会为中心》，《西北民族大学学报》2015 年第 5 期。

格勒、刘一鸣、张建林、安才旦：《藏北牧民》，中国藏学出版社 2002 年版。

郝时远、奥赛·卡拉斯、扎洛：《当代中国游牧业：政策与实践》，社会科学文献出版社 2013 年版，前言。

华智仁波切：《大圆满前行》，索达吉堪布译，中国文史出版社 2016 年版。

李凡、李森、陈同庆：《西藏那曲藏北草地观光畜牧业发展的探讨》，《四川草原》2004 年第 12 期。

刘邵华：《我的凉山兄弟：毒品、艾滋与流动青年》，中央编译出版社 2016 年版。

刘淑珍、周麟、仇崇善、张建平、方一平、高维森：《西藏自治区那曲地区草地退化沙化研究》，西藏人民出版社 1999 年版。

马戎：《西藏的人口与社会》，北京同心出版社 1996 年版。

马戎：《西藏社会发展简论》，北京中国藏学出版社 1997 年版。

南措姐：《藏族人生礼仪馈赠礼俗研究——以青海安多赤嘎（贵德县）藏区为例》，硕士学位论文，西藏大学，2010 年。

索达吉堪布：《大圆满前行：加行教材⑥》，慈悲文化中心监制。

索朗降村：《藏文词典》，西藏人民出版社 1990 年版。

万德卡尔：《藏北牧区家庭物质生活变迁》，载中国藏学研究中心社会经济研究所《西藏家庭 40 年变迁：西藏百户家庭调查报告》，中国藏学研究中心 1996 年版。

王铭铭：《物的社会生命？——莫斯〈论礼物〉的解释力与局限性》，《社会学研究》2006 年总第 4 期。

王小彬：《关于西藏民主改革的几点思考》，《中国藏学》，2009 年第 1 期（总第 85 期）。

魏兴琥、杨萍、王亚军、谢忠奎、陈怀顺：《西藏那曲现行草场管理方式与草地退化的关系》，《草业科学》2003 年版 20（9）。

西藏历史资料编辑组：《中国少数民族社会历史调查资料丛刊——藏族社会历史调查》，西藏人民出版社 1987 年版。

肖怀远：《西藏畜牧业走向市场的问题与对策》，西藏人民出版社 1994 年版。

肖怀远：《西藏农牧区：改革与发展》，中国藏学出版社 1994 年版。

[美] 闫云翔：《礼物的流动：一个中国村庄中的互惠原则与社会网络》，李方春、刘瑜译，上海人民出版社 2000 年版。

怡荪主编：《藏汉大词典》，民族出版社 2015 年版。

俞联平、高占琪、杨虎：《那曲地区草地畜牧业可持续发展对策》，《草业科学》2004。

张怡荪主编：《藏汉大词典》，民族出版社 2015 年版。

张云：《西藏的伟大实践——从执行"十七条协议"到实行民主改革》，《中国边疆史研究》，2015 年 9 月，第 3 期。

周润年：《中国藏族寺院教育》，甘肃教育出版社 1998 年版。

朱伟：《仪礼与交换——白马藏人葬礼中交换的文化诠释》，《西藏民族学院学报》（哲学社会科学版）2011 年第 1 期。

宗喀巴大师造论：《菩提道次第廣輪集註（卷 113）》，法尊法师汉译，智敏上师集注，上海古籍出版社 2003 年版。

英文

Allen Nicholas J. & Mauss Marcel, in Thomas Barfield (Ed.), *The Dictionary of Anthropology*, Oxford: Blackwell Publications, 1997.

Annette B. Weiner, Inalienalbe Possessions: The Paradox of Keeping-While-Giving, California: University of California Press, 1992.

Arjun Appadurai, Introduction: commodities and the politics of value. In Arjun Appadurai (Ed.), *The Social Life of Things: Commodities in Cultural Perspective*, New York: Cambridge University Press, 1986.

Banks Tony, "Property Rights Reform in Rangeland China: Dilemmas on the Road to the Household Ranch", *World Development*, Vol.31, No.12, 2003.

Barfield Thomas, "Pastoral Nomads or Nomadic Pastoralists", in Thomas, Barfield (Ed.), *The Dictionary of Anthropology*, Oxford: Blackwell Publications, 1997.

Barfield Thomas, *The Perilous Frontier: Nomadic Empires and China*, Oxford: Blackwell, 1989.

Barth Fredrik, *Process and From in Social Life,* Selected essays of Fredrik Barth: Vol. I, London: Routledge & Kegan Paul Ltd., 1981.

Bauer Ken, "Mobility, flexibility and Poential of Nomadic Pastoralism in Eurasia and Africa", Book Review, *Nomadic Peoples*, Vol. 11, No.1, 2007.

Bauer Ken, "Pastoral Development and The Enclusure Movement in Pastoral the Tibet Autonomous Region since the 1980s", *Nomadic Peoples*, Vol.9, 2005.

Bohanna Paul & Bohann Laura, *Tiv Economy*, Northwestern University Press, Evanston, IL, 1968.

Bohannan Paul, "The Impact of money on an African subsistence economy", *The Journal of Economic History*, Vol.19, No.4, 1959.

Bowie Katherine, "The Alchemy of Charity: of class and Buddhism in Northern Thailand", *American Anthropologist,* Vol.100, No.2, 1998.

Clake Graham E., "Tibet today: Propaganda, Record, and Policy", *Himalayan Research Bulletin,*Vol.8, No.1, 1986.

Clake Graham E., *China's Reforms of Tibet, and Their Effects on Pastoralism*, University of Sussex: Institute of Development Studies, Brighton,1987.

Cohen Anthony, *The Symbolic Construction of Community*, London & New York: Chichester, 1985.

Davies Jonathan & Hatfield Richard, "The Economics of Mobile Pastoralism: A Global Summary", *Nomadic People,*Vol.11, No.1, 2007.

Delgado Christopher L., Rosegrant Mark W., Steinfeld Henning, Simeon K. Ehui & Courbois Claude, *Livestock to 2020: the Next Food Revolution*, International Food Policy Research Institute (IFPRI) and International Livestock Research Institute, 28. Washington, DC: FAO, 1999.

Epstein Arnold Leonard, *The Craft of Social Anthropology*, Great Britain: Tavistock Publications, 1967.

Firth Raymond, *Economics of the Zealand Maori*, Wellington, New Zealand: Government Printer,1959.

Fischer Andrew Martin, "Subsistence Capacity: Subsistence Capacity: The Commoditisation of rural labour re-examined through the case of Tibet", London: Development Studies Institute, London School of Economics and Political Science, 2006.

Fischer Andrew Martin, *State Growth and Social Exclusion in Tibet: Challenges of Recent Economic Growth*, Copenhagen: Nordic Institute of Asian Studies Press, 2005.

Godelier Maurice, *The Enigma of the Gift*, Cambridge: Polity Press, 1999.

Goldstein M. C., "Change, Conflict and Continuity among a Community of Nomadic Pastoralists: A Case Study from Western Tibet, 1950 – 1990", In Barnett R. & Akiner S. (Eds.), *Resistance and Reform in Tibet*, London: Hurst & Company,1994.

Goldstein M. C. & Beal Cynthia M., "The Impact of China's Reform Policy on the Nomads of Western Tibet", *Asian Survey*,Vol.29, No.6, 1989.

Goldstein M. C., Benjiao, Beal Cynthia. M. & Phuntsog Tsering, "Development and Change in Rural Tibet: Problems and Adaptation", *Asian Survey*,Vol. 43, No.5, 2003.

Goldstein, presentation, Oslo University, Nov. 3rd 2009.

Graeber David, *Toward an Anthropological Theory of Value: The False Coin of Our Own Dreams*, New York: Palgrave, 2001.

Graeber David,*Toward an Anthropological Theory of Value*, Basingstoke: Palgrave, 2001.

Gregory Chris, *Gift and Commodities*, London: Academic Press, 1982.

Haaland Gunnar, The Ecology of Choice and Symbol, in Reidar Gronhaug (Ed.), *The Ecology of Choice and Symbol: Essay in Honour of Fredrik Barth*, Norway: Alma Mater Forlag AS, 1991.

Ho Petter, "The Clash over state and collective property: The making of the rangeland law", *China Quarterly*, Vol.161, 2000.

Humphrey Caroline & Sneath David,*The End of Nomadism? Society, State and the Environment in Inner Asia*, Durhan, NC: Duke University Press, 1999.

Ingold Tim, *Hunters, Pastoralists and Ranchers*,Cambridge: Cambridge University Press, 1980.

Joseph Ginat & Anatoly M. Khazanov (eds.), *Changing Nomads in Changing World*, Brighton:Sussex Academic Press, 1998.

Karl Polanyi, *Origins of Our Time: The Great Transformation*, Gollancz first edition 1944, New York: Holt, Rinehart and Winston, 1945.

Layton Rober, *An Introduction to Theory in Anthropology*, Cambridge: Cambridge University Press, 1997.

Levi-Strauss Claude, *The Elementary Structures of Kinship*, Trans. J.H. Bell and J. R. von Sturner, Booston: Beacon Press, 1969.

Linnekin Jocelyn, "Entangled Objects: Exchange, Material Culture, and Colonialism in the Pacific by Nicholas Thomas", *The International History Review*, Vol.15, No.2, 1991.

Malinowski Bronislaw, *Argonauts of the Western Pacific: An Account of Native Enterprise and Adventure in the Archipelagos of Melanesian New Guinea*, London: Routledge & Kegan Paul, 1922.

Mauss Marcel, *The Gift*, New York: W.W. Norton & Company, 1967.

Mauss Marcel, *The Gift: Forms and Functions of Exchange in Archaic Societies* [Essai sur le don, Paris, 1925], Glencoe, IL: Free Press, 1954.

Miller Daniel, *Fields of Grass: Portraits of the Pastoral Landscape and Nomads of the Tibetan Plateau and Himalaya*, Kathmandu: International Centre for Integrated Mountain Developmnt (ICIMOD), 1998.

Miller Daniel, "Nomads of the Tibetan Plateau Rangelands in Western China-Parts Two: Pastoral Production Practices", *Rangelands,* Vol. 21, No.1, 1999.

Miller Daniel & Sheehy Dennis, "The Relevane of Owen Lattimore's Writing for nomadic Pastoralism Research and Development in Inner Asia", *Nomadic People*, Vol.12, No.2, 2008.

Mills Barbara, "The establishment and defeat of hierarchy: Inalienable possessions and the history of collective prestige structures in the Pueblo Southwest", *American Anthropologist*, Vol.106, No.2, 2004.

Parry Jonathan & Maurice Bloch, *Money and the Morality of Exchange*, Cambridge: Cambridge University Press, 1989.

Parry Jonathan, "The Gift, the Indian Gift and the 'Indian Gift'", *Man*, Vol. 21, No.3, 1986.

Pema Tso, Changing Livelihood and Economy of Tibetan Herders (Doctoral dissertation), Australia: Charles Sturt University, 2011.

Polanyi Karl, *Origins of Our Time: The Great Transformation*, Gollancz (first edition 1944), New York: Holt, Rinehart and Winston, 1945.

Potter Sulamith Heins & Potter Jack M., *China's Peasants: the Anthropology of A Revolution*, Cambridge: Cambridge University Press,1990.

Raheja Gloria Goodwin, *The Poison in the Gift: Ritual, Prestation, and the Dominant Caste in a North Indian Village*, Chicago: The University of Chicago Press, 1988.

Sahlins Marshall, "Poor Man, Rich Man, Big-Man, Chief: Political Types in Melanesia and Polynesia", *Comparative Studies in Society and History*, Vol. 5, No.3, 1963.

Sahlins Marshall, *Stone Age Economics*, New York: Aldine de Gruyter, 1972.

Scott, Professor James C., *The Moral Economy of the Peasan: Rebellion and Subsistence in Southeast Asia*, New Haven: Yale University Press, 1977.

Shiyong Wang, "Policy Impact on Tibetan Market Participation", *Asian Ethnicity*, Vol.10, No.1, 2009.

Shiyong Wang, "The Failure of Education in Preparing Tibetans for Market Participation", *Asian Ethnicity*, Vol.8, No.2, 2007.

Strathern Marilyn, *The Gender of the Gift: Problems with Women and Problems with Society in Melanesia*, Berkeley: University of California Press, 1988.

Tapp Nicholas, "In Defence of the Archaic: A Reconsideration of the 1950s Ethnic Classification Project in China", *Asian Ethnicity*, Vol.3, No.1, 2002.

Thomas Nicholas, *Entangled Objects: Exchange, Material Culture, and Colonialism in the Pacific*, Cambridge, MA: Harvard University Press, 1991.

Van Gennep, *The Rites of Passage*, Chicago: University of Chicago Press,1960.

Weber Max, *The Religion of China* (Hans Gert, Trans.), New York: Free Press, 1968.

Weiner Annette, *Inalienable Possessions: The Paradox of Keeping-while-Giving*, Berkeley: University of California Press, 1992.

Yeh Emily, "Tibetan Range Wars: Spatial Politics and Authority on the Grasslands of Amdo", *Development and Change*,Vol.34, No.3, 2003.

藏文

ཉེ་ཐྲ།: 《 དོར་ཚོ་སོ་དགུའི་ལོ་རྒྱུས་མངོར་བསྟགས།། ·, ནག་ཆུ་ས་གནས་སྲིད་གྲོས་ལོ་རྒྱུས་རིག་གནས་ཚོན་སྒྲིག་ཁང་། གོའོད་སྟོངས་ནན་ཆུ་ས་ཁྱུལ་གྱི་ལོ་རྒྱུས་རིག་གནས་དེབ་གདང་པོ། · ནག་ཆུ་: ནག་ཆུ་ས་གནས་སྲིད་གྲོས་ལོ་རྒྱུས་རིག་གནས་ཚོན་སྒྲིག་ཁང་ནས་བསྐྲུན།》, 1992。

གསེར་སྲིང་ཁ་ཞེབ་པ་སའི་སྲིང་དེར་མེ་ཏོག་སེར་ཆེན་ཁྲ་ལམ་ལ་ཡོད་དུས་ཐིང་ངེ་བཀགས་པ་རེ་དཀྲོ་བཟང་རེན་ཆེན་ལྱ་རྗེ་དགོན་པའི་གྲུ་བ།

སྲིང་གྲོས་ནག་ཆུ་ལོ་གནས་རིག་གནས་ལོ་རྒྱུས་དཔྱད་གཞིའི་རྒྱ་ཚ་ཚོན་སྒྲིག་ཁང་: 《 ནག་ཆུའི་ལོ་རྒྱུས་རིག་གནས་དཔྱད་གཞིའི་རྒྱ་ཚ་བདམས་བསྡུ་གས་འདེན་ཞིངས་བཙོ་བཙུད་པ》 ཤོད་སྟོངས་མི་དམངས་དཔེ་སྐྲུན་ཁང་། 2010 ལོའི་པར་གཞི། [政协那曲地区文史资料编委会:《那曲地区文史资料选辑第 18 辑》, 西藏人民出版社 2010 年版]。

网址

FAO, "The Sate of Food Insecurity in the World", 2003 Retrieved from http://www.fao.org/docrep/006/j0083e/j0083e00.HTM.

Fischer Andrew Martin, Poverty by Design: The Economics of Discrimination in Tibet.

Gift Economy (n.d.). 检索自 http://en.wikipedia.org/wiki/Gift_economy。

Inalienable Possessions (n.d.). 检索自 http://en.wikipedia.org/wiki/Inalienable_possessions#cite_note-2。

Kula ring (n.d.). 检索自 http://en.wikipedia.org/wiki/Kula_ring#cite_note-1。

Moka exchange (n.d.). 检索自 http://en.wikipedia.org/wiki/Moka_exchange#cite_ref-2。

Reciprocity (cultural anthropology) (n.d.). 检索自 http://en.wikipedia.org/wiki/Reciprocity_%28cultural_anthropology%29。

Retrieved from.http://www.tibet.ca/_media/PDF/PovertybyDesign.pdf,2002.

Spheres of exchange (n.d.). 检索自 http://en.wikipedia.org/wiki/Spheres_of_exchange。

Wu Ning & Richard Camille, "The Privatization Process of Rangeland and tis Impacts on Pastoral Dynamics in the Hindu-Kush Himalaya: The Case of Western Sichuan, China", 1999. Retrieved from http://www.eldis.org/vfile/upload/1/document/0708/DOC9644.pdf.

根据网上资料农牧民人口占据藏区总人口的 81%（http://www.tibet.cn/zt2008/08xzssysz/mzrm/200805/t20080513_380122.htm, 2011, 12 月 5th），但这份资料没有说明数据中的藏区总人口指西藏自治区，或者还包括了其他藏族人口分布区域如青海、甘肃、云南等。

嘉黎县 (n.d.)，检索自 http://baike.baidu.com/link?url=xbyeGugcspgkX9GpLq47geweShrCzVoFqnElFkkTJ2b0rMoLzn5DSvnLdpcgKTYG。

那曲嘉黎县简介 (n.d.)，检索自 http://www.114huoche.com/zhengfu/NaQu-JiaLiXian。

人民公社 (n.d.)，检索自 http://zh.wikipedia.org/wiki/%E4%BA%BA%E6%B0%91%E5%85%AC%E7%A4%BE。

所引历史资料摘自神奇美丽的圣地嘉黎 (n.d.)，《神奇美丽的圣地嘉黎》[宣传册子]，西藏那曲嘉黎县藏医院，印刷年不详。这些历史资料所引自的参考书目在该册子中没有注明，故相关信息仅作参考。

西藏民主改革 50 年 (n.d.)，检索自 http://www.gov.cn/zwgk/2009-03/02/content_1248131.htm。

西藏农牧区改革的历程主要成就及经验 (n.d.)，检索自 http://epaper.chinatibetnews.com/xzrb/html/2009-01/03/content_51653.htm。

中共中央、国务院关于实行政社分开建立乡政府的通知 (n.d.)，检索自 http://xuewen.cnki.net/CJFD-GWYB198323001.html。

后　记

2017 年盛夏，我再次回到 S 村。村落和县城交界的草场区域，原本有一片 S 村的公共草地，夏天鲜花盛开，冬季时分用来放牧受孕的母牛，可以食草两个月。2017 年，几栋高楼已覆盖了这片草场的部分区域；走进村子，央金家原本宽敞的院子前新盖了一栋 2 层新楼。这是她家出售部分地皮后，外村人所盖造价 50 多万元的住宅；洛桑以 40 多万元的价格出售了他在村里200 平方米的房屋及院子。如此这般，外村人在 S 村买房或建房的有 26 户。地理空间概念的被改变和逐步接纳是牧区城镇化最显性的特征。

畜牧经济模式的改变依旧在进行：2013 年田野期间村落有 27 户饲养牦牛，到 2017 年逐渐减少到只有 15 户还保留着牲畜，弃牧户数还在递增中。其中原因诸多，虫草的高利润回报是显性的驱动力，其次也有因城镇化所造成的草场面积逐渐缩小；而近几十年牧区人口数的增加也在挑战草场单位面积的承载力；牧区新生代的高就学率在另一方面也意味着畜牧家庭的牧业劳力断层。例如，40 岁的洛桑是 S 村中一户殷实且有威望的人家，除了虫草收入，还饲养有 100 多头牦牛。虽然从事牧业的主要劳力只有夫妻俩。但三个上学的女儿是这家采挖虫草的主要劳力。不过，孩子们到了高中将无法请假去采挖虫草。这意味着洛桑家的虫草收入将受到影响，同时随着夫妻俩的年龄增长，投入畜牧生产的劳力强度也将逐步减弱，洛桑家也将不得不面临是否弃牧的选择。

后工业时代对全球的传统社会所带来的影响非常深远：加拿大原住民伊哈儿缪特因纽人、亚马逊雨林中的亚诺玛米人、南非最古老的土著居民布须曼人、纳比米亚沙漠的辛巴人等，这些原住民所经历的不单单是经济劳作的冲击和重构，还有那尊贵的族群集体记忆的碎片化、珍贵的本土经验知识的断层。^①而他们对天、地、对宇宙的认知似乎与实证主义的"现代"格格不入。

这种影响不仅只冲向小众人口的群体，还有人口集中的农耕社会：从阎云翔在中国东北下岬村的调研，到詹姆斯·斯科特在东南亚的缅甸和越南农业社会的研究都能看到后工业文明对农耕社会所带来的巨大影响和社会重构。^②

游牧世界对山水、天地有着一套独有的认知体系，故而也形成了自己特有的心灵认知、组织方式和劳作结构。游牧民族在经历这种影响时其阵痛可能更为剧烈。从非洲的马赛游牧部落到环喜马拉雅山麓的拉乌特族游牧部落，都不得不面对强大的工业文明的冲击。

生活在青藏高原上的游牧人也行走在后工业文明的丛林中。诸多的显性因素和隐性因素正在重构着藏族畜牧社会中原有的一套劳作方式，千年的本土游牧经验知识体系也正在经历考验……不过，如挪威人类学家弗雷德里克·巴斯所说，社会有其一套"小生境"（social niche），一个群体在其自然环境、社会环境（例如市场和权利关系）中不断重构、重组的过程中会寻找到一种最适合其生存的状态，也就是它的"小生境"。^③虽然弗雷德里克·巴斯门派对"小生境"没有量化论证的"科学"实验数据，但这仍给了我们游牧世界无比的信心。

2018 年 2 月 16 日

于拉萨

---

① "鹿之民消亡史"，2018 年 1 月 20 日；"探险家与原住民"，2018 年 1 月 27 日；"成为一个亚诺玛米人"，2018 年 2 月 17 日；"印度水牛牧人的迁徙"，2018 年 3 月 3 日；微信公众号"他者 others"。

② Scott, Professor James C., *The Moral Economy of the Peasan: Rebellion and Subsistence in Southeast Asia*, New Haven: Yale University Press, 1977.

③ Haaland Gunnar, The Ecology of Choice and Symbol, in Reidar Gronhaug (Ed.), *The Ecology of Choice and Symbol: Essay in Honour of Fredrik Barth*, Norway: Alma Mater Forlag AS, 1991, pp.12–13.